PROTAGONISTAS DEL MANAGEMENT ESPAÑOL

MARÍA VICTORIA DE ROJAS

PRÓLOGO DE CHRISTOPHER SMITH

**KOLIMA
BOOKS**

Título original: *Protagonistas del management español*

Primera edición: Noviembre 2022
© 2022 Editorial Kolima, Madrid
www.editorialkolima.com

Autora: María Victoria de Rojas
Dirección editorial: Marta Prieto Asirón
Maquetación de cubierta: Valeria Hernández
Maquetación: Carolina Hernández Alarcón

ISBN: 978-84-19495-12-9

A mi madre,
de la que no me pude despedir.

ÍNDICE

PRÓLOGO

Es conocida la fascinación que a los anglosajones nos produce España. Desde historiadores a escritores, a lo largo de los años hemos tratado de comprender -probablemente sin éxito- una cultura que nos resulta única a la vez que intrigante, y que nos atrae como un imán. Yo no soy ninguna excepción, y para mí, después de tantos años viviendo aquí, y trabajando en el campo del *management*, es una gran satisfacción presentar este libro.

Si hay algo que queda claro es que el estudio del *management* en España cuenta con un numeroso y ecléctico grupo de excelentes profesionales, todos en activo actualmente, que lo sitúa en vanguardia a nivel mundial.

La lectura sorprende por la amplia diversidad de enfoques, todos ellos originales, profundos y valiosos. A lo largo de estas páginas se va destilando un gran conocimiento técnico y humanista, lo que puede que demuestre, una vez más, la capacidad de los españoles, pocas veces reconocida, de destacar tanto en el campo de la ciencia como del arte con naturalidad y brillantez.

Entre los pensadores entrevistados destaca un reducido grupo de pioneros, que hoy en día son respetados referentes internacionales, como Javier Fernández Aguado, Marcos Urarte Alonso, Mariano Vilallonga Elorza y José Aguilar López. Ellos pusieron en órbita una «escuela española» de estudio del *management* ya hace más de dos décadas. En su estela, y gracias a su perseverancia y a las nuevas aportaciones de los autores, pensadores, investigadores y científicos que aquí se retratan, se ha consolidado una forma «española» de entender el *management*. Este libro certifica el valor de la denominación de origen.

Abunda la literatura sobre el *management* proveniente de otras latitudes –que me resultan conocidas– que se centra excesivamente en aplicaciones prácticas, hasta tal punto que, a menudo, resultan limitantes. En cambio, esta escuela española recoge ese espíritu de audacia, hibridación y sentido común tan autóctono, dando lugar a una visión más reflexiva, profunda y trascendente.

En efecto, la línea de trabajo que, tanto intuitiva como ordenadamente, han seguido los protagonistas del *management* español, ha dado lugar a un rico y amplio *corpus* intelectual que aúna humanidades, filosofía, psicología, sociología, historia, ciencia, *coaching*, *know-how* técnico y sentido práctico. Así queda de manifiesto a lo largo de estas páginas, donde se entrelazan con exquisita fluidez y gracias a la excelente labor de María Victoria, las reflexiones personales y profesionales de todos ellos.

Es fundamental observar una idea subyacente a lo largo de estas páginas, y expresada por todos los entrevistados, consistente en destacar la importancia de desarrollar lo que se viene en llamar los *soft skills* por encima de los *hard skills*. Sin lugar a duda sería complicado abordar el *management* sin mencionar la imperiosa necesidad de establecer estrategias de crecimiento, toma de decisiones, concreción de objetivos y logro de resultados. Pero en el enfoque de esta escuela de pensadores predomina la propuesta de que la observación de la naturaleza humana está por encima del dominio de la técnica.

Cada página destila, en su esencia, esta profunda visión humanista. Se subraya la importancia de las personas y de la adecuada gestión de los sentimientos colectivos e individuales. Es decir, el empoderamiento del nosotros frente al yo. ¿Acaso podríamos estar ante el rasgo identitario de la escuela española del *management*?

Por este motivo, la ética, la armonía, el equilibrio y la justicia ocupan un lugar destacado en la gestión del cambio. La empatía con los equipos y la humildad son bases fundamentales y causa directa de la eficiencia económica. La responsabilidad personal, la habilidad de escuchar lo que se dice –y lo que no se dice– y el intra-emprendimiento se ponen en valor como factores críticos en el desarrollo individual y profesional.

No es de extrañar, por lo tanto, que lo que tiene usted en sus manos sea un libro repleto de reflexiones sobre el viaje transformador del ejecutivo en líder. Los autores profundizan en el liderazgo, entendido como un conjunto de influencias que permiten avanzar hacia una visión empresarial, a partir de la transición del dirigir al gobernar. El líder se presenta como aquel que ha aprendido a edificar comunidades de confianza a partir del liderazgo consciente, intergeneracional, compartido y abierto. El que transforma culturas de obediencia en culturas proyectivas, en las cuales el compartir sin competir crea una sociedad y un mundo mejor. E, inevitablemente, estas reflexiones desembarcan en el otro gran eje del libro: la incubación de un sentido del propósito.

Me alegra sobremanera que los autores apunten en esta dirección, ya que a lo largo de mi trayectoria como consultor en posicionamiento corporativo, el propósito siempre ha ocupado un lugar central en mis trabajos. Siendo un concepto sencillo de entender a nivel individual, es más complejo de embridar a nivel colectivo. La clave reside en alcanzar un entendimiento común del proyecto empresarial que inspire a todos los *stakeholders*, tanto internos como externos, alineando equipos y personas en torno a un profundo sentido de la misión.

Para ir finalizando, si busca un libro que ofrezca herramientas de gestión, propuestas de métricas o metodologías de elaboración de estrategias, abandone toda esperanza. En cambio, si su afán es comprender cómo evolucionar de ejecutivo a directivo y, con el tiempo, a líder, tiene en sus manos un texto imprescindible. Provoca la reflexión sobre modos de actuar y formas de pensar, sentir y vivir. Como indica uno de los autores, «la gente necesita quien les ayude y no quien les predique».

Tal vez no estén todos los protagonistas del *management* español, pero, sin duda, todos los que están lo son: arqueólogos del conocimiento; deportistas de alto nivel; amantes de la naturaleza; arquitectos sociales; aprendices; impulsores del cambio y la transformación; estudiosos del futuro; científicos; humanistas racionales, y, sobre todo, eternos optimistas.

Porque, ante todo, este libro es un homenaje al optimismo, a la confianza en el ser humano y una oda a la libertad. Le deseo una feliz lectura.

Christopher Smith

CEO de BrandSmith

«EL ARQUEÓLOGO DEL MANAGEMENT»

JAVIER FERNÁNDEZ AGUADO

Sobre Javier

Tras años de trabajo como alto directivo y luego como empresario, Javier Fernández Aguado es en la actualidad, y desde 2001, socio director de MindValue (www.mindvalue.com). Ha sido catedrático del departamento de Comportamiento Humano de la Escuela de negocios de Navarra (2006-2010) y director de la Cátedra de *management* Fundación la Caixa en el IE (2015-2021).

Doctor en Economía por la Universidad Complutense (1996) (premio nacional J.A. Artigas de Ciencias Sociales), ha publicado sesenta libros sobre gobierno de organizaciones y creación de empresa (la mitad de ellos en colaboración). El estudio realizado sobre el *management* de la Iglesia católica, *2000 años liderando equipos*, ha recibido el reconocimiento internacional incluido el de la propia Iglesia. Después de analizar Egipto, Roma o el III Reich, su obra más reciente *El encuentro de cuatro imperios*, analiza el *management* de españoles, aztecas, mayas e incas, en un momento crucial de la historia de España.

Su trabajo de formación y asesoramiento ha sido solicitado por quinientas organizaciones de cincuenta países y es el único profesional citado en todos los libros que se han escrito sobre autores de *management* de habla hispana. En 2015 fue incluido por Nuria Ramos y Sergio Casquet en el libro *Pensadores españoles universales* (LEO), que incluye a diez intelectuales. Entre otros, María Zambrano o Laín Entralgo.

En febrero de 2010, AEFOL promovió el I Simposio Internacional sobre su pensamiento. Asistieron más de 600 profesionales procedentes de doce países de Europa y América. En 2019 tuvo lugar el II Simposio Internacional, celebrado al igual que el anterior en Ifema, para reflexionar sobre las aportaciones realizadas en los nueve años transcurridos. Asistieron cientos de profesionales de muchos países.

A lo largo de la última década Javier Fernández Aguado ha recibido numerosos premios por el trabajo desarrollado como asesor de alta dirección, conferenciante y orador. En septiembre de 2018 fue investido doctor *honoris causa* por Eucim Business School.

https://javierfernandezaguado.com/

Cuatro preguntas en primera persona

¿Cuál es su definición personal del management?

Gobierno de personas y organizaciones.

Desde que el mundo es mundo y dos personas se reunieron, fue preciso establecer de forma implícita o explícita el modo en el que iban a tomar decisiones. Al igual que en otras obras, pero de forma especial, en *2000 años liderando equipos* (Kolima) me detengo en este aspecto de manera detallada a la hora de analizar cómo instituciones tan dispares como los templarios o la Compañía de Jesús definieron sus órganos de gobierno. Un experto en *management* ha de conocer el máximo posible de opciones para luego proponer la más adecuada en función del tipo de organización, la época histórica, las circunstancias que confluyen, la preparación de los participantes en el proyecto, la duración potencial de la iniciativa, la dimensión numérica de los implicados, etc. Sin conocer lo que hicieron nuestros ancestros, el asesoramiento padecerá de graves carencias.

¿Cómo se define?

Como un arqueólogo que se esfuerza por rescatar del pasado las mejores prácticas del *management* y aplicarlas al presente. Así lo he hecho en libros como *Egipto, escuela de directivos; Roma, escuela de directivos; El encuentro de cuatro imperios*; y más. Mi mayor ilusión es dejar algún trozo de este mundo un poco mejor de lo que lo encontré al nacer. Cuando recibo algún mensaje en esta dirección de directivos que han buscado mi asesoramiento, de profesionales que han asistido a alguna conferencia o de alumnos que han acudido a una de mis ponencias, me siento reconfortado.

Un personaje, real o ficticio, que haya influido de manera notable en usted

Debo mencionar necesariamente a tres.

En primer lugar, a mi padre, Enrique Fernández Peña, persona de ética delicada y maravilloso paradigma de rigor profesional y amistad. Cuando falleció en 1995, se multiplicaron homenajes, necrológicas y reseñas. Me gustó especialmente una muy amplia escrita por un subdirector del Banco de España con el título: «Un caballero de la amistad». Durante décadas me he ido encontrando a personas que, antes o después de una conferencia, me han comentado: «Yo fui amigo de su padre». Siempre que pudo hacer un favor lo hizo. Siempre que alguien le necesitó, allí estuvo de forma generosa y entregada.

Inmediatamente, Marta, mi esposa, pues ella, desde que nos conocimos, es rodrigón fundamental de mi existencia. Con un sentido común aplastante y una intuición sensacional, siempre tiene sugerencias de altísimo valor añadido para la toma de decisiones. Sin particular trascendencia pública es una líder excepcional. Además, gracias a ella o junto a ella, tengo la fortuna de ser el padre de dos hijos maravillosos, Sofía y Enrique. En el caso de Enrique, tengo que decir que con sus pocos años, ha publicado ya su primer libro, *Trayectoria manipulada*. Un hecho que no solo me llena de orgullo sino que me alienta a continuar intentando ser para ellos el modelo que mi padre fue para mí.

Entre ambos, pues le traté de forma más intensa tras el fallecimiento de mi padre y antes de enamorarme y casarme, José Aguilar, porque es una persona profunda, equilibrada, con visión estratégica desde el punto de vista antropológico y profesional. Me iluminó en diversos momentos de mi existencia y, fundamentalmente, cuando me engañaron determinadas personas en las que había depositado toda mi confianza. Conocí de forma directa la falta de preparación humana, profesional y ética de determinados individuos. José Aguilar fue esencial con sus consejos y sugerencias.

Sin alguno de los tres, yo sería muy diferente. Con toda probabilidad, mucho peor.

Tres recomendaciones: un libro, una película y un lugar que visitar que tengan un significado especial para usted

La película, sin ninguna duda, *El violinista en el tejado* (Norman Jewison, 1971). Es una extraordinaria explicación de que en esta vida todos buscamos la felicidad y todos tenemos límites que no deberíamos cruzar desde el punto de vista personal y ético. Y cómo todos debemos afrontar la imperfección y hemos de procurar hacerlo siempre con una sonrisa tanto en el ámbito matrimonial como en el profesional. Como cuando surgen contradicciones exógenas que no esperábamos, hay que procurar afrontar cada momento con ilusión, con esperanza, tratando de no dañar nunca a nadie y, en la medida de lo posible, ayudar a aquellas personas que estén en nuestra área de influencia. Todo eso y mucho más es lo que yo encuentro en esta película.

Elegir un libro es muy difícil, pero quizás *La última lección* de Randy Pausch (Debolsillo, 2015). Se trata de una interesante reflexión sobre la vida de un profesional que conoce ya la fecha en que tendrá que entregar su alma a Dios a causa de una enfermedad degenerativa.

Al igual que Tolstói en su obra *La muerte de Iván Ilich*, o Dostoyevski en *Memorias desde el subsuelo*, ayuda a todos contemplar nuestras actividades diarias a la luz de la trascendencia.

Esa perspectiva nos facilita tomar decisiones más consistentes, no limitadas a intereses temporales.

Un lugar, Budapest. Viajé por primera vez a esa ciudad en el año 1992, con ocasión de la posible expansión a otros países de la

Escuela de Negocios de Praga que había puesto en marcha con el apoyo financiero de un buen amigo, abogado vallisoletano. Tras muchos años sin regresar, aterricé de nuevo en torno al 2010 con mi mujer. Desde entonces hemos viajado a esa ciudad en una docena de ocasiones. Me encanta pasear por sus calles, verificar que tras el desastre del comunismo ha sabido reinventarse. Cada rincón de la capital húngara me genera buenas vibraciones.

Conversando sobre su pensamiento

Una de las aportaciones más significativas del pensamiento de Javier Fernández Aguado es su visión antropomórfica de las organizaciones. Al equipar tanto las virtudes como los vicios de las personas con los problemas y ventajas que presentan las instituciones, nos encontramos con que es posible abordar su voluntad, sus sentimientos, su conocimiento e identificar, para luego tratar, sus patologías.

En esta extrapolación de la condición humana a las organizaciones me surgían dudas acerca del tratamiento con el que se trabajaban aptitudes y actitudes. Aptitudes son las potencialidades que cada uno de nosotros tenemos de fábrica. Actitud es lo que podemos y lo que queremos hacer, que se traduce en los hábitos que vamos construyendo o menospreciando a medida que vamos transitando por la vida. «Hay gente que podría tener más actitudes si hubiera puesto más medios», y dentro de este modelo cuadran a la perfección en el *Will management* o gestión de la voluntad organizativa.

Cada uno de nosotros tenemos tres facultades. «Esto en el mejor de los casos, porque en ocasiones no se cumple», apunta Fernández Aguado haciendo alarde de esa fina ironía que le caracteriza. Tenemos inteligencia, voluntad y sentimientos.

La inteligencia, trasladada a las organizaciones, es lo que se conoce como *Knowledge management* o gestión del conocimiento, que fue desarrollado básicamente por el pensador japonés Ikujiro

Nonaka. La propuesta del modelo trataba de entender el porqué de la gestión del conocimiento y añadir áreas como la gestión de los sentimientos y de la voluntad organizativa, que suponen la traslación de estas mismas dos facultades del ser humano.

Las organizaciones, lo mismo que las personas, tienen que procurar encauzar los sentimientos en la medida en que esto sea posible, porque los sentimientos son «como los gatos, imposibles de domar». En cuanto a la voluntad, hay que procurar desarrollarla porque, al final, es el motor de las actitudes, y son precisamente las actitudes las que permiten, o no, desarrollar hábitos que sean valiosos para una vida.

* * *

De todas las frases que con cierta frecuencia pronuncia Javier Fernández Aguado –y tiene muchas–, algunas sencillamente gloriosas, mi favorita es «las organizaciones, al igual que las personas, son deliciosamente imperfectas». Quien aspira a la perfección vive en una permanente frustración, ya sea a nivel personal o profesional. «La perfección en esta Tierra no existe. Para los que somos creyentes, esperamos y confiamos en que en el Cielo esa perfección exista, pero, aquí en la Tierra, no hay ni persona ni organización perfecta», me explica para añadir a continuación «la frustración es la distancia que existe entre las expectativas y los logros». Ansiar la perfección en esta Tierra es condenarse a vivir permanentemente frustrado, al no poder conseguirla ni en el terreno personal ni organizativamente.

Esto no es una frase derrotista. Se trata de diferenciar entre la búsqueda de la mejora y la obsesión por la perfección. Fernández Aguado recomienda «surfear sobre las imperfecciones», tanto las internas como las exógenas. La felicidad, que suele ser la máxima aspiración que todos queremos alcanzar, consiste en llevarse bien con el entorno, personal o corporativo, y procurar llevarse bien con uno mismo, algo que no es siempre fácil.

* * *

Otra de esas frases magistrales es «el poder se impone, la autoridad se merece». Una sentencia que aclara en gran medida por qué, y por desgracia, seguimos contando con manipuladores en vez de con líderes.

«Por algún misterio que no entendemos, independientemente de que creamos que este mundo existe por causalidad o por casualidad, y yo me apunto a la causalidad, solo hay dos opciones: o estamos aquí por un Big Bang que nadie sabe cómo o por qué sucedió, o porque existe un Creador. La casualidad unifica a los marxistas-comunistas con los extremadamente liberales y es que es muy interesante comprobar que la única coincidencia intelectual que tienen Marx y Hayek es que los dos ensalzan a Darwin. Y esto no es ninguna casualidad, o crees en Dios o crees en cualquier cosa, y este cualquier cosa es creer en Darwin», me explica como paréntesis o digresión.

Vuelve aquí a surgir el tema de la imperfección y es que, con independencia de lo que uno crea, desde que empezó, el mundo está repleto de imperfecciones y no ha habido jamás un líder que haya sido perfecto. Todos estamos llenos de incongruencias e incoherencias y es en medio de esta vorágine donde tenemos que aprender a llevarnos bien con nosotros mismos y procurar crear un equilibrio armónico que nos permita entender esas imperfecciones, procedan de donde procedan. Como muy bien explica en su libro *2000 años liderando equipos*, esto afecta a empresarios y directivos, pero también a papas o a los mayores santos de la historia. Por poner un ejemplo de lo que se vislumbra en este libro, al analizar la vida de un personaje tan apasionante como san Bernardo de Claraval, referente en el siglo XII a todos los efectos y el *coach* al que todo el mundo aspiraba a acceder, Fernández Aguado detalla que tuvo un enfrentamiento con san Pedro el Venerable, responsable de la Orden del Cluny, que hoy sería parangonable a cualquier debate entre Santiago Abascal y Pedro Sánchez. Lo increíble de bucear en la historia es que en este caso se trata de dos santos enfrentados en la Edad Media sobre un tema tan crucial como si es mejor santificarse en Cluny o en el Císter. De lo que resulta que no existe una organización en cualquier lugar del mundo o en cualquier época que no tenga esquinas.

La transición entre el directivo y el líder reclama una gran cantidad de habilidades y hábitos comportamentales. «El principal de todos, el más difícil, el que nadie logra en esta Tierra, es la humildad. La humildad es la verdad, como decía la mejor literata de Castilla. Todos vivimos ciertamente engañados por nosotros mismos y, quien vive engañado es complicado que lidere». Así llegamos a la principal y primera habilidad que todo directivo que aspira a ser líder debería proponerse: la humildad.

La segunda sería la audacia: «Quien siempre hace lo mismo y del mismo modo, pronto dejará de hacerlo». Hay que romper moldes, lo que no es una tarea sencilla porque, como me explica, los problemas para cualquiera de nosotros comienzan en el mismo instante en que salimos de nuestra habitación porque, tanto si hacemos como si no hacemos nada, siempre alguien se sentirá ofendido. Así que atreverse deja de ser una opción para convertirse en un requisito esencial.

En tercer lugar, es necesario desarrollar la virtud de la paciencia, para soportarnos a nosotros mismos y para practicar una razonable llevanza con cualquiera de las personas con las que compartimos algún momento a lo largo del día. Incluso entre las personas de mejor voluntad siempre se producen roces, por eso Javier Fernández Aguado mantiene que «la clave de la convivencia es la no convivencia», haciendo aflorar de nuevo su particular ironía.

Y, por último, visión estratégica, que es lo que Aristóteles (uno de sus mayores referentes, aunque no lo eligiera personaje a destacar) define como causa final. ¿A qué aspiramos en la vida? Lo primero en la intención, lo último en la consecución. La visión estratégica es indispensable para no llevarse la sorpresa de llegar a donde no se quería.

En la conversación se detiene en estas cuatro habilidades esenciales: humildad, audacia, paciencia y visión estratégica. Para ahondar en el tema, nada mejor que leer su libro *El idioma del liderazgo*, donde expone alrededor de 250 habilidades comportamentales que marcan la diferencia entre un directivo, un manipulador y aquello que realmente buscamos: un líder.

* * *

Otra de las mayores aportaciones del profesor Fernández Aguado al mundo del *management* han sido los libros publicados sobre diferentes culturas y organizaciones. Roma, Egipto, Grecia, la Compañía de Jesús o la Iglesia católica, culminan en el recientemente publicado *El encuentro de cuatro imperios*, donde analiza el *management* de españoles, aztecas, incas y mayas.

El detonante de salida de su labor como arqueólogo del *management* fue la lectura de una reflexión de un promotor de una organización contemporánea española, ahora de dimensión universal, que decía «tengo miedo de que acabemos como los templarios». Así llegó el primer ensayo de *management* histórico, o de historia del *management*, como prefieran, un ensayo breve titulado *Enseñanzas de los templarios para organizaciones contemporáneas*. Fue necesario invertir varios cientos de horas para realizar el estudio ya que sobre los templarios existe mucho mito y él quería encontrar las fuentes originales que buscó tanto en España como en archivos italianos. Lo más sorprendente de esta primera incursión como arqueólogo del *management* es que llegó a la conclusión de que, siendo un lector apasionado de Harvard Review y de Harvard Business Press, la mayor parte de las reflexiones que encontraba en estas publicaciones ya estaban inventadas. «Están intentando venderme como novedosas cosas que he descubierto que existían en el siglo XII y en el XIII», lo que hizo que prendiera la llama del interés por el pasado.

Tras los templarios llegaría la Grecia clásica, *management: la enseñanza de los clásicos*, para continuar con *Roma, escuela de directivos* y *Egipto, escuela de directivos*. Con este último descubriría que el nilómetro tenía mucho que ver con la fiscalidad, y que la gestión de equipos, la formación o la retribución variable ya fueron aplicados por Ramsés II en la Batalla de Qadesh, allá por el año 1274 a. C.

Dicen que la mejor manera para aprender sobre un tema es documentarse para escribir un libro. Fernández Aguado reconoce que nunca ha conseguido entender cómo puede ser que todavía existan comunistas y esta falta de entendimiento fue la responsable de que escribiera *¡Camaradas! De Lenin a hoy*, y es posible que fuera el mismo motivo el que le llevara a publicar un par de años antes *El management del III Reich*. Tras ellos llegaría *Jesuitas, liderar talento libre*, que fue el detonante para escribir *2000 años liderando equipos*, para rematar (de momento) con *El encuentro de cuatro imperios*.

Si tuviera que elegir solo un título me habría embarcado en un gran problema porque de todos ellos se sacan grandes enseñanzas y es que, como él mismo dice, «no es necesario saber de historia, pero el que no sabe de historia no sabe nada».

Tras analizar a un sinfín de directivos la conclusión es que falta sentido común, humildad, perspectiva, visión estratégica, generosidad, empatía… En resumen, afirma: «Creo que, si hubiera una asignatura de sentido común en las escuelas de negocios, mejoraríamos la vida de miles de personas».

Pero aún hay más. El ser humano es como es, con sus luces y sus sombras, desde los orígenes de la humanidad. Lo que varían son aspectos instrumentales, tanto en el bien como en el mal. «En lo epidérmico creo que hemos avanzado bastante, en lo sustancial creo que no hemos avanzado nada». Y es que nos creemos que somos absolutamente innovadores cuando en realidad todo está ya escrito. En casi todas las épocas ha habido hombres y mujeres que han estudiado y han procurado profundizar, pero el problema que ahora tenemos es que estudiar cuesta esfuerzo y tratamos de sustituirlo por cosas que no funcionan. «Yo no conozco otro modo de aprendizaje que no sea el estudio y las conversaciones con personas que valen la pena». Y en esto último, tengo que decir que conversar con Javier Fernández Aguado siempre es un privilegio.

De alguna manera todos transitamos por la vida buscando referentes a los que emular, pero parece como si ahora estuviera mal visto y hubiera que callarlo o esconderlo. «De algún modo esto sigue sucediendo, pero impregnado de pereza. Esta es la explicación de la falta de ética». No hace mucho trató el tema de la ética empresarial en una de sus habituales conferencias: «Ganar dinero es razonable, lo que no es razonable es buscar un atajo y saltarse la ética para enriquecerse. ¿Es lógico querer ganar dinero en una operación mercantil? Evidentemente. Lo que no se puede hacer es vender algo que te ha costado ocho céntimos por quince euros, porque eso es robar. La ética no deja de ser una ciencia de equilibrio y yo no sé si eso que te costó ocho céntimos se deba vender por veinte o por un euro, pero de lo que estoy seguro es que no es quince». Mantiene que vivimos en unos momentos de particulares dificultades, aunque la verdad es que siempre las ha habido, pero las de hoy son las que nos preocupan porque son las que tenemos que enfrentar y afrontar.

En relación con la ética le comento un suceso que me ha sorprendido en los últimos tiempos. Una gran empresa emprendió una gran gesta humanitaria, muy de agradecer, pero poco después descubrí que no era tan altruista como pensaba y que se trató más bien de una gran labor de comunicación. Le pregunto si lo importante no es vivir, sino contarlo. «Como aspecto positivo, las personas somos seres interrelacionales. Salvo los eremitas, que es gente muy especial, nadie puede vivir solo. De hecho, incluso ellos dirían que no viven solos sino con Dios». Pero existe un aspecto negativo: «Todos llevamos un ángel y un diablo. El ángel nos lleva a reconocer a los demás y a ser reconocido por ellos. El diablo nos lleva a querer aparentar y, quien más quien menos, exagera. Pero todos necesitamos reforzar nuestra personalidad mediante la autoestima».

* * *

Está claro que todos tenemos limitaciones, pero seguimos sin buscar la ayuda profesional que abriría nuestros horizontes. Para Fernández Aguado el gran problema de la mayoría, por no decir todos, es que «nos creemos que salimos de la pata del Cid y la jactancia muere siempre después que nosotros». Solo es capaz de liderar bien el que hace un esfuerzo por disminuir su vanagloria, y en esto los coaches pueden ser de gran ayuda, aunque la profesión esté un tanto denostada por culpa del intrusismo, pero existen profesionales de muy alto nivel. El problema es que la primera condición para recibir ayuda es querer recibirla, y raramente alguien que piense que está por encima del bien y del mal va a reconocer que la necesita.

Esto también está muy ligado al desprecio que hoy manifiestan las organizaciones por el talento sénior, aunque, en realidad, se trata de un problema clásico. Ignacio de Loyola decía que el joven tiene la energía y el anciano la experiencia. Pero unir ambas cosas no siempre es fácil y tenemos tendencia a prejubilar a personas que están en su plenitud, despreciando todo lo que pueden aportar, que es muchísimo. Hace ya muchos años que Fernández Aguado manifestó públicamente que «habría que prejubilar a muchos prejubiladores» que luego siguen aferrados a sus puestos hasta más allá de los 80 años.

Necesitamos más sentido común, ¡otra vez falta de sentido común!

«OPTIMISMO Y POSITIVIDAD»

MARCOS URARTE ALONSO

Sobre Marcos

Marcos Urarte es ingeniero industrial por la Universidad Politécnica de Catalunya e Ingeniero de sistemas por la Universidad de Fujitsu Limited en Tokio (Japón).

Profesor invitado de las principales escuelas de negocios, destacando del Massachusetts Institute of Technology (MIT), de la Universidad Nacional de Singapur (NUS), que aparece como la mejor universidad de Asia y del prestigioso programa «Oxford Scenarios Planning Approach».

Colaborador académico del «International Center for Leadership Development», del «Corporate Leadership Campus» y del Centro Superior de Estudios de la Defensa Nacional (CESEDEN).

Ha participado en las más prestigiosas publicaciones, como la Harvard Business Review y es conferenciante habitual en los más prestigiosos eventos y congresos. Co-autor de diversos libros.

La revista FORBES, en su edición de junio 2021, lo ha identificado como uno de los principales «futuristas» de España. Miembro del IFTF (Institute for the Future).

Es miembro de los *think tanks* Club de Roma, «International Institute for Strategi Studies» (ISS) de Reino Unido y del Instituto Elcano.

Consultor estratégico y organizacional en más de 100 entidades públicas y privadas de España y Latinoamérica, participa como consejero independiente en diversos Consejos de Administración y asesores de prestigiosas compañías internacionales.

Pertenece al Grupo de Reflexión Estratégica del Estado Mayor de la Defensa y a la Comisión de Prospectiva Estratégica del Instituto de Estudios Estratégicos de España (IEEE). Y es colaborador del Banco Mundial y del Banco de Desarrollo de América Latina (CAF).

https://www.pharos.es/

Cuatro preguntas en primera persona

¿Cuál es su definición personal del management?

Creo que el *management* está absolutamente relacionado con todo lo que son las personas. Para mí, es alinear y cohesionar un equipo de personas para conseguir unos objetivos.

El *management* necesita un modelo de liderazgo, pero, sobre todo, que ese modelo de liderazgo esté absolutamente orientado y centrado en las personas.

¿Cómo se define?

Primero voy a dar dos definiciones que han hecho sobre mí, aunque ambas me parecen un tanto pretenciosas: arquitecto social y visionario futurista.

Si me tuviese que definir, hay dos rasgos que me caracterizan fundamentalmente y es que soy un optimista patológico y tengo una curiosidad infinita. Esa curiosidad infinita hace que tenga una capacidad, valga la redundancia, infinita para complicarme la vida, porque casi todo me hace ilusión. A todo digo que sí, aunque después me asalten las dudas y me pregunte ¿para qué me habré comprometido con esto? Pero la verdad es que tengo una capacidad enorme para ilusionarme. Soy una persona de retos, por eso tengo un perfil mucho más creador y desarrollador que mantenedor.

Un personaje, real o ficticio, que haya influido de manera notable en usted

Quizá estemos mencionando todos lo mismo y sea un poco recurrente, pero, para mí, un referente fue mi padre. De mi padre valoro fundamentalmente dos cosas: el amor infinito por sus hijos que pocas veces he conocido en otros, y que era una persona con unos principios y unos valores inquebrantables. Cuando él asumía un compromiso, ese compromiso era ley.

A nivel histórico o de personajes referentes no tengo uno definido. Al final, creo que es una combinación. Hay diferentes competencias o características que me gustan de distintas personas, pero no me siento totalmente identificado con nadie.

Tres recomendaciones: un libro, una película y un lugar que visitar que tengan un significado especial para usted

Empiezo por el final. El lugar es Fornells, en general Menorca, pero particularmente Fornells porque es donde tengo mi casa. Está a tan solo veinte metros del mar y eso es todo un privilegio. Puede que también sea un tópico, pero allí mis biorritmos bajan, me permite reflexionar, desconectar de lo que es mi actividad el resto del año y disfrutar de los amigos y la familia. Lo utilizo mucho para leer y para escribir. Durante once meses al año viajo continuamente y trabajo muchísimo, así que durante el mes de agosto es donde recargo las pilas para continuar el resto del año.

Como película, sería la trilogía de *El padrino* (Francis Ford Coppola, 1972, 1974 y 1990). Creo que debería ser obligatoria en los MBA porque en esta trilogía vemos estilos de liderazgo, gestión de conflictos, trabajo en equipo, toma de decisiones... Sobre todo la primera y la segunda me parecen excepcionales y las vuelvo a ver con una cierta periodicidad porque siempre encuentro cosas distintas.

Sobre el libro, la verdad es que soy muy ecléctico. No soy, ni muchísimo menos, una persona de ensayos y, sobre todo, leo dos tipos de literatura. Durante todo el año leo mucho sobre todo lo que tiene que ver con el trabajo, la estrategia, la innovación, el *management* y, después, durante el verano, aprovecho a leer mucha más novela. Uno de los libros que más me impresionaron fue *Los pilares de la tierra* (Kent Follet, 1989), pero también disfruté mucho con *Los miserables* (Victor Hugo, 1862).

Conversando sobre su pensamiento

«Las luchas en los mercados siempre han sido entre las empresas que intentan mantener las reglas del juego y las que intentan cambiarlas. Las que están muy asentadas en una industria o sector las intentan mantener porque con su cuota de mercado ya les va bien. Pero los nuevos entrantes en cualquier mercado, a los que yo llamo intrusos, siempre buscan cambiarlas porque, a igualdad de estrategia, el tamaño sí importa».

Urarte ha dedicado mucho tiempo a este tema. «Una empresa tiene que ser capaz de gestionar lo que he llamado la dualidad. Todas las empresas tienen un modelo de negocio tradicional (y cuando hablo de negocio tradicional bajo ningún concepto es algo peyorativo; es el negocio que nos da de comer hoy y nos dará de comer durante muchos años, por lo que nunca hay que ponerlo en riesgo), y además son capaces de crear a su alrededor negocios adyacentes. Y luego están los nuevos modelos de negocio, sobre todo con un cierto componente digital. Y esto siempre provoca conflicto o tensión». Habitualmente se ha dicho que la cultura forma parte del ADN de las empresas; la visión de Marcos es que, además, supone el sistema inmunitario y que, como buen sistema inmunitario, cualquier idea que llega de fuera y no aporta valor al negocio de hoy, la cultura lo rechaza. «Por eso creo que una empresa debe tener una estrategia para mantener las reglas del juego en los mercados existentes, donde vamos a necesitar mucha competitividad y mucha innovación incremental, pero, en paralelo, necesita una estrategia para cambiar esas reglas, donde va a requerir mucha innovación disruptiva. Esta es la dualidad. Y esta dualidad nos permitirá crear organizaciones exponenciales».

«Creo que una empresa debería hacerse cuatro preguntas con una cierta periodicidad. La primera sería, de lo que estamos haciendo ¿qué debemos mantener tal y como lo hacemos?; la segunda, ¿qué debemos potenciar de lo que estamos haciendo?; la tercera ¿qué debemos añadir o incorporar?; y la cuarta es ¿qué debemos dejar de hacer?». Esta última supone un gran problema para las empresas a las que les encanta ampliar su portafolio de servicios/productos, pero les cuesta un gran esfuerzo abandonarlos. «Cuando las empresas hablan de diversificar les digo que en muchos casos no se diversifican, sino que se dispersan». No es que sea un error diversificar, pero sí es necesario poner foco. Diversificar focalizando.

La llegada de nuevos desafíos es constante y, para enfrentarse a ellos, las empresas van a tener que cuestionarse permanentemente lo que están haciendo. Estos nuevos retos van a obligar a las empresas a mantenerse en un aprendizaje continuo y, en algunos casos, más que a un cambio sutil, se van a ver obligadas a un cambio mucho más profundo. «Podríamos hablar de reinvención».

* * *

«Me gusta diferenciar lo que son los riesgos de lo que es la incertidumbre, porque a veces los confundimos». Para explicarlo utiliza un símil bastante esclarecedor. Cuando conducimos, la lluvia supone un riesgo y como tal existen neumáticos especiales, asfaltos para lluvia, cursos de conducción específicos… Un riesgo se identifica, se evalúa y somos capaces de tomar medidas. Si lo que nos encontramos al conducir es niebla, solo podemos estar más alerta, esto es incertidumbre y es mucho más difícil de gestionar. Por lo tanto, las empresas, como las personas, vamos a tener que aprender a tomar decisiones en entornos de riesgo, pero también en entornos de incertidumbre donde, si esperamos a tener todas las certezas para tomar una decisión, probablemente para entonces ya no tendrá sentido hacerlo porque habrán cambiado los supuestos de partida. «Vamos a tener que encontrar un equilibrio entre lo que he llamado el saber incierto y las decisiones acertadas».

Marcos Urarte dedica gran parte de su tiempo a la prospectiva estratégica. «Podríamos hablar mucho sobre esta nueva mirada, pero, simplificándolo mucho, sería colocar el futuro en la agenda del presente. La prospectiva estratégica no pretende adivinar ni predecir el futuro porque es imposible. Lo que nosotros hacemos es visualizar los posibles futuros, a los que llamamos escenarios, y estar preparados para ellos». Vuelve al mundo del automóvil para explicarlo mediante un ejemplo. Todos los coches disponen de luces cortas y largas. Las cortas ofrecen una extraordinaria nitidez y visibilidad 50 m por delante. Con las largas se pierde nitidez, pero se ve a 200 metros. «Si al ir por una carretera se cruza un animal a unos 100 metros y voy con la luces cortas, no lo veré y tendré muy poco espacio para frenar; si voy con las luces largas veré al animal y tendré tiempo para reaccionar. Todo esto significa que, para poder gestionar los riesgos disruptivos a los que nos enfrentamos, vamos a necesitar esas luces largas, que sería la prospectiva estratégica».

Una de las cosas que siempre defiende Urarte es que «las empresas que van a tener éxito en el futuro inmediato serán aquellas que sean capaces de convertir la incertidumbre en una ventaja competitiva».

Me interesa saber qué papel va a jugar el liderazgo en esta visión de futuro y esta palabra, siendo una de las más repetidas en la actualidad, supone a veces un problema para Marcos. «De liderazgo puede hablar casi cualquiera, incluso personas que nunca han liderado nada. Al final, muchas veces, nos movemos en tópicos». Tiene una explicación esta afirmación y es que él asiste a muchos congresos como ponente y a veces le pasa que, cuando escucha a otros conferenciantes hablar, piensa que se trata de una persona que jamás ha trabajado en una empresa porque, en caso contrario, no sería capaz de decir lo que dice. Me confirma que el liderazgo marca la diferencia en las empresas y que existen diferentes modelos «pero yo creo que hay pocos líderes y mucho capataz». Por muy brillante que sea un 'líder', por muy Superman o Superwoman que sea, también tiene su *kryptonita*, que son la arrogancia, la incoherencia y el egoísmo». Perder estas cualidades hace a las personas desperdiciar una de las competencias más importantes de los nuevos líderes según Marcos, y es que un líder debe tener una visión humanista.

Hablamos de otra competencia, la capacidad para asumir los errores. «Existen cuatro grandes culturas empresariales: la anglosajona (fundamentalmente norteamericana), la germánica, la latina y la asiática». Una de las características de nuestra cultura (la latina, lo remarco aunque quizá sea una obviedad), es que el fracaso nos 'estigmatiza' para toda la vida. Si una persona ha tenido diez éxitos y un solo fracaso a lo largo de su vida, se le acaba valorando y juzgando solo por esa parte negativa, por ese único fracaso. «Como el fracaso nos estigmatiza para toda la vida, ocurren dos cosas: tenemos una aversión tremenda al riesgo, lo que provoca que seamos tremendamente poco innovadores, y tratamos de ocultar o traspasar el error a otro».

Esta parte de nuestra cultura supone una tremenda equivocación porque el error solo se puede considerar un fracaso si no produce un aprendizaje. Por eso hay organizaciones que, sin llegar a potenciarlo, dentro de su cultura facilitan lo que se llama el 'error inteligente', es decir, está permitido cometer errores, pero no está permitido no aprender de ellos. «Creo que la gestión inteligente de los errores también sería una ventaja competitiva para las empresas. El miedo a compartir los errores produce su repetición constante y que, finalmente, la organización no aprenda a evitarlos».

Sacar aprendizajes de los errores es conseguir ver la botella medio llena. Lo que nos lleva a hablar de optimismo y positividad, dos actitudes esenciales para avanzar y evolucionar. «Yo prefiero estar rodeado de personas optimistas que de pesimistas que, de alguna manera, lo que hacen es consumir tu energía. Pero este optimismo no significa que sea una ilusión no realizable». Ese optimismo (casi patológico, según él mismo confiesa) del que habla quedó patente cuando hace quince años padeció una leucemia y, siendo consciente de la gravedad de la enfermedad, en ningún momento se le pasó por la cabeza que pudiera ir mal. «Creo que en esta vida nos podemos retroalimentar de forma positiva o negativa. Es una decisión que solo depende de nosotros. Pero, por complicada que sea una situación, nunca se puede caer en el pánico y el pesimismo porque conducen a la parálisis, y eso es lo único que no nos podemos permitir». Lo que marca la diferencia tanto a nivel de personas como de empresas es la actitud con que nos enfrentamos a las situaciones. No se puede evitar lo que sucede, pero sí depende de nosotros el cómo lo gestionamos.

* * *

Sería necesario que periódicamente las organizaciones hicieran un estudio profundo de sí mismas, de su sector y negocio para conocerse realmente y descubrir cuáles son sus competencias fundamentales. «Tanto a nivel personal como a nivel de empresas solemos focalizarnos más en las debilidades, en aquellos aspectos a mejorar, que en las fortalezas».

Dejando claro que hay que gestionar los cuatro cuadrantes, cuando Marcos realiza un DAFO con los miembros de su equipo pregunta siempre cuál de ellos piensan que es el más importante. A los cuadrantes de debilidades y amenazas, se les denomina defensivos; hay que gestionarlos para continuar estando en el mercado, pero no aportarán nunca una ventaja competitiva. Los cuadrantes de crecimiento, los de futuro, son las fortalezas y las oportunidades. La siguiente pregunta que les plantea es: «¿Tus clientes te compran por tus debilidades o por tus fortalezas?». Solo hay una respuesta: por las fortalezas. Lo que significa que el valor diferencial se encuentra fundamentalmente en las fortalezas aunque, por supuesto, no haya que perder de vista las debilidades. Pero una fortaleza o una debilidad solo existen por comparación con otros, es decir, las fortalezas de una organización serán las debilidades de sus competidores y viceversa. Los competidores tratarán de mejorar sus debilidades, por lo que es absolutamente imprescindible seguir potenciando nuestras fortalezas para continuar manteniendo nuestras ventajas competitivas. «Por supuesto que tenemos que mejorar nuestras debilidades, pero, para mí, lo que es crucial es seguir potenciando las fortalezas. Es nuestro valor diferencial».

Le comento que potenciar las fortalezas puede marcar diferencias a la hora de aprovechar las oportunidades y me dice que, aunque al final no sabe si es suya o no, utiliza mucho la siguiente frase: «La vida está llena de oportunidades, pero, sobre todo, las que tú creas». Y continúa explicándome que, desde su punto de vista, no es cierto aquello de que el tren solo pasa una vez por tu puerta. Pasa continuamente, pero que hay que estar dispuesto a verlo y subirse en él.

* * *

«La velocidad, la rapidez, es una competencia absolutamente estratégica y de supervivencia, pero cada industria, cada sector, tiene sus propias velocidades». No existen velocidades estándar; lo que sí es cierto es que si lo que pasa fuera de una empresa va más rápido de lo que pasa dentro, es posible afirmar que su final está cerca.

Volviendo a la prospectiva estratégica, esta está basada fundamentalmente en dos conceptos: impactos y escenarios. En relación con los impactos comenta que, en ocasiones, se consideran cisnes negros determinados hechos que pasan en el mundo, pero que también existen las teorías de los rinocerontes grises, cisnes verdes, elefantes negros y las medusas negras, complementarias de la primera teoría.

«La pandemia y la guerra de Ucrania son impactos absolutamente disruptivos y no vamos a tener más remedio que acostumbrarnos a que este tipo de impactos ocurran y, además, con muchísima mayor frecuencia. De ahí la importancia de la prospectiva estratégica y la necesidad de que las organizaciones tengan un mapa de riesgos con una visión holística». Se trata de gestionar no solo los riesgos de mercado o de negocio, sino otro tipo de riesgos como pueden ser los medioambientales, sociodemográficos, macroeconómicos, geoestratégicos, tecnológicos, etcétera.

Por tanto, velocidad y rapidez serían una competencia estratégica de supervivencia. «Pero otra es la agilidad/flexibilidad. Cuanto mayor es la incertidumbre, mayor tiene que ser nuestra agilidad. Por eso ya no hablamos de planes estratégicos, porque la palabra plan nos encorseta mucho, y hablamos de marcos de desarrollo estratégico». Por supuesto que hay que contar con una visión y unos objetivos, pero la organización tiene que ser capaz de reaccionar y, sobre todo, de anticiparse rápidamente a los posibles impactos. «Tan importante es tener un plan como desarrollar la capacidad de reacción en nuestra empresa». Cuando Urarte acompaña a las organizaciones en sus procesos de reflexión estratégica su objetivo no es tener un plan de acción concreto que le permita enfrentarse a una situación concreta, sino cómo se puede crear una organización de alto rendimiento, y dotarla de herramientas y experiencias que le permitan enfrentarse a cualquier tipo de reto, incluso los que hoy ni existen ni tan siquiera imaginamos.

* * *

Más allá del entorno VUCA, por todos conocido, Marcos Urarte habla de VI²RCA²S. Este nuevo concepto ha sido creado en el IEEE, por un equipo del que Marcos forma parte, y fue recogido en un artículo publicado por la revista de Harvard. En esta evolución la V continúa siendo Volátil. Como el concepto se ha creado en España, la U que correspondía a *Uncertainty*, se transforma en una I para referirse a Incierto, pero se le añade una I más donde se habla de Inmediatez. Y es que no hay un solo día en el que no ocurra algo en el mundo que pueda provocar un gran impacto económico, político o social. La R se refiere a Ruido. Estamos permanentemente bombardeados con información y con desinformación, y nos cuesta muchísimo discernir una de otra, lo que complica en gran manera la toma de decisiones. La C permanece inalterable en un mundo Complejo. A la A de Ambiguo se añade ahora la de Aceleración; todo sucede a gran velocidad. Y la S final se refiere a Simultaneidad de disparidades. Este nuevo concepto final se refiere a que, de forma simultánea, ocurren hechos en el mundo absolutamente divergentes, por lo que es imposible tener una tendencia clara de hacia dónde nos dirigimos y eso nos obliga a interactuar permanentemente con el entorno.

Para dejar claro qué significa Simultaneidad de disparidades me pone como ejemplo dos noticias publicadas con cuatro días de diferencia: Citibank anuncia que, debido a la recesión, el barril de petróleo bajará su precio hasta los 65 dólares; JP Morgan, por el contrario, explica que, debido a la guerra de Ucrania, el barril de petróleo puede llegar a los 380 dólares. Con tan solo cuatro días de diferencia dos de las entidades financieras más importantes del mundo anuncian versiones absolutamente distintas del futuro económico más inmediato. «Insisto una vez más en algo que me parece imprescindible: la visión de la prospectiva estratégica y cómo nos movemos en escenarios».

Tan importante es el concepto y tanto ha salido en la conversación que le pido que me explique las diferencias entre esas dos formas de enfrentarse a un proceso de reflexión estratégica: proyectiva y prospectiva. «La clásica es: yo analizo el pasado y el presente de una empresa y, una vez que tengo esa foto, lo que hago es proyectar mi presente al futuro. Esa es la proyectiva. Es como una visión incremental de los mercados, como si creyéramos que el mundo se comporta como una función lineal. Mientras los mercados han sido estables y predecibles, y teníamos tiempo para adaptarnos a los cambios, esta forma de reflexionar funcionaba más o menos. Pero, de alguna manera, la pandemia o la guerra actual nos han hecho ver que esta forma de pensar en el futuro no podía ser la única. Todos los planes que se hicieron a finales del 2019, al llegar la pandemia, hubo que tirarlos a la papelera. Ahora bien, hay otra manera de actuar que es complementaria de la primera. Del pasado se pueden sacar aprendizajes, lo mismo que del presente, pero importan relativamente poco. Lo que de verdad importa es el futuro en el que voy a tener que competir. En la proyectiva el futuro es simplemente la proyección del presente, en la prospectiva el futuro es el punto de partida. Pensando en el futuro ya estoy transformando el presente porque en mis procesos de decisión ya estoy incorporando esa variable. Aplicando la famosa Regla de Pareto, mantengo que el 20 % del tiempo que dediquemos hoy a pensar en el futuro se convertirá en el 80 % de los ingresos de mañana. Así que no se me ocurre mejor inversión en nuestras empresas que dedicar ese 20 % del tiempo a pensar y crear futuro».

* * *

Cuando se produce una gran crisis en el mundo siempre se producen impactos temporales y duraderos. La Segunda Guerra Mundial, entre otros, representó la incorporación masiva de la mujer al mundo laboral. El 11 de septiembre, un incremento en la seguridad de aeropuertos y aviones. El primer SARS, un incremento del comercio electrónico. Todos ellos llegaron para quedarse.

Para Urarte existen ocho impactos que, sin duda, permanecerán una vez que superemos la actual crisis. El primero, como ya hemos comentado, es el cambio en la mirada estratégica, de la proyectiva a la prospectiva. El segundo, el teletrabajo, aunque todavía se tiene que incorporar a un modelo nuevo de gestión. El tercero, la preocupación por la resiliencia en las organizaciones, porque caímos en la trampa de la eficiencia y los costes, y nos olvidamos de nuestras vulnerabilidades. El cuarto, la sostenibilidad como eje estratégico, que debe dar paso a un concepto mucho más ambicioso: la regeneración. El quinto, la necesidad de contar con un mapa de riesgos confeccionado con una visión holística. El sexto, la aceleración de la transformación digital. El séptimo, que debe estar siempre pero que ahora cobra mayor importancia, el cliente en el centro de todas las decisiones. Y, el octavo, el incremento de la dificultad para atraer y fidelizar talento. «No pasemos de la 'gran renuncia' a la 'gran estampida'».

El futuro no es lo que va a pasar, sino lo que tú vas a hacer.

«LA FORJA DE UN LÍDER»

LOURDES CASCÓN ANSOTEGUI

Sobre Lourdes

Lourdes Cascón es licenciada en Derecho por la Universidad Autónoma de Madrid, carrera que estudió y profesión que ejerció por absoluta vocación, y posee un MBA. Al tiempo que realizaba sus estudios, tanto en el colegio como en la universidad, se formó también en idiomas, por lo que en la actualidad domina el italiano, el inglés, el alemán y el español, como lengua materna.

Formada en neurociencia y liderazgo por Harvard University y en ciencia de la felicidad aplicada a la empresa por Berkeley University, cuenta además con certificaciones por reconocidas organizaciones internacionales como *coach*, *neuro-linguistic programming practitioner* y *agile coach*.

Ha ocupado cargos ejecutivos y de dirección en organizaciones nacionales e internacionales del ámbito jurídico, educativo y financiero (entre otras, J.P. Morgan). Ha sido analista financiera, abogada, asesora, consultora y *coach*, consolidando su comprensión del entorno mercantil y del liderazgo.

Emprendedora en el ámbito de la formación internacional, creó goBoarding, empresa que actualmente dirige.

Es, además, feliz y orgullosa madre de cuatro hijos.

www.lourdescascon.com

Cuatro preguntas en primera persona

¿Cuál es su definición personal del management?

Management es gestionar, es dirigir, es tomar decisiones, es dejarse sentir para poder avanzar, y lo entiendo así porque mi forma de vivir la vida es comprenderla desde una perspectiva amplia, global.

Creo que el *management* es algo vivo, claramente presente, que te lleva a una proyección futura, entendiendo ese futuro precisamente como proyección, no como realidad. Necesito tomar decisiones y para esa toma de decisiones, que es como se avanza, hay que ser capaz de saber qué es lo que se está amasando, lo que tenemos entre las manos, mirarlo desde distintas perspectivas y sentirlo.

El *management* es integrar lo que está ocurriendo dentro y fuera de la empresa, procurando el maridaje de ambas realidades en busca de oportunidades, y a su vez, proyectar hacia el futuro lo que se desea que ocurra, y analizar y medir las posibilidades de que así sea. El directivo ha de compaginar dos espacios temporales: el de lo que está ocurriendo, el presente, y el proyectivo, el de la imaginación. De la alquimia de ambos surge la visión estratégica. La trayectoria de la empresa y sus éxitos dependerán, entre otras cosas, del nivel de precisión conseguido en el primero y del nivel de acierto en el segundo.

Decía Baltasar Gracián que una de las mayores ventajas que posee una mente con sabiduría es que encuentra la solución acertada y que su falta impide muchas veces alcanzar grandes metas.

¿Cómo se define?

Ante todo soy una persona, mujer. Para mí es muy importante aprender y vivo en constante aprendizaje. Me gusta mucho aprender y también enseñar. Soy optimista y agradecida por todo lo que hay a mi alrededor, aquello con lo que puedo contar. Soy positiva y miro más lo que hay que lo que falta, aunque de las dos cosas se puede sacar provecho. Soy madre, hija, amiga, hermana… Soy profesional y me esfuerzo y disfruto de mi actividad profesional en los distintos ámbitos en los que he tenido oportunidad de desarrollarla a lo largo de mi vida.

Soy una persona consciente de que elige, lo que probablemente también sea un signo distintivo. Me ilusiono mucho con aquello que elijo hacer y soy perseverante en conseguirlo. Creo firmemente en el esfuerzo con objetivos y soy partidaria de que el esfuerzo reciba recompensa, aunque pienso que en el mismo esfuerzo ya existe una recompensa, porque el progreso, la mejora, aporta felicidad y alegría al ser humano. Si te esfuerzas, aunque no consigas aquello que buscas, de una u otra forma mejoras porque, sea cual sea el resultado, en el camino aprendes.

Un personaje, real o ficticio, que haya influido de manera notable en usted

Muchas veces me he preguntado qué diría yo si me hicieran esta pregunta cuando la he oído en otras entrevistas.

No soy consciente de que haya una persona que haya influido de manera determinante en mí, aunque, lógicamente, mis padres influyeron. Mis hijos han influido mucho, sobre todo por todo aquello que he vivido con la maternidad.

Soy una persona consciente de que vive en continuo cambio. A lo largo de mi vida han influido en mí muchas personas, gente con la que he trabajado, gente con la que he compartido cosas, personas junto a las que he aprendido…, pero no mencionaría una en particular.

Tres recomendaciones: un libro, una película y un lugar que visitar que tengan un significado especial para usted

En cuanto al libro, todos y ninguno. Cuando veo que un libro no me está aportando, simplemente lo dejo; quizá esto me diferencie de otras personas, que aseguran que son incapaces de dejar un libro una vez que lo han empezado. Yo sí; incluso algún libro que en un momento determinado me estaba produciendo dolor, también lo he dejado. Si llega determinada lectura que me hace estar muy triste me digo 'no es mi momento para esto' y lo dejo.

A lo largo de mi vida he leído y leo mucho ensayo. He leído bastante de medicina china, de cómo funciona el cerebro, de cómo aprende este, sobre todo a raíz de tener a mis hijos. También leo filosofía y menos novela. Creo que un libro es bueno o malo para uno dependiendo del momento en el que llega. Suelo ser bastante consciente de cómo me siento y de cómo me hacen sentir las cosas, así que las acepto, ya sea para sí o para no. Me encanta releer los libros que me han gustado porque, cuando los releo, los veo desde una perspectiva distinta y descubro cosas nuevas.

Me encantó *Parque Jurásico* (Steven Spielberg, 1993) porque los dinosaurios me producen fascinación. En realidad, me produce fascinación la naturaleza en general. Me encanta observar a los animales en la naturaleza. Una vez estuve en África en un safari y pude contemplar leones, elefantes, guepardos, cocodrilos, hipopótamos… en su hábitat natural, lógicamente desde un Jeep. ¡Ojalá pudiera ser de otra forma!

También disfruto muchísimo con las películas de dibujos animados, seguramente influida por la maternidad. Aunque mis hijos ya son mayores, aún continúo disfrutando con ellas desde otra perspectiva. Hay verdaderas maravillas *Toy Story* (John Lasseter, 1996), *Shrek* (Andrew Adamson, Vicky Jenson, 2001), *WALL-E* (Andrew Stanton, 2008)..., tienen unos personajes muy bien definidos.

Para mí son especiales todos aquellos lugares en los que me siento feliz. Mi lugar es mucho el ahora. Puedo hablar de muchos lugares, pero sobre todo de muchos momentos, porque es el momento, y me pasa muy a menudo, el que me hace decir ¡qué suerte estar aquí! No es dónde estoy sino cómo me siento. Soy feliz cuando estoy con mi familia, mis hijos y personas a las que quiero, y también puedo serlo cuando estoy conmigo misma en contacto con la naturaleza.

Conversando sobre su pensamiento

Comienzo la conversación preguntándole si hay que tener la mente abierta para elegir lo que la vida te ofrece y ser capaz de tomar decisiones, pero me pide que reestructure la pregunta porque es poco de «hay que», así que la transformo en qué ingredientes son necesarios para tomar decisiones y evolucionar en función de lo que la vida te va ofreciendo. «Para tomar una decisión, siempre que sea posible, porque a veces hay que hacerlo de forma rápida, lo primero es intentar parar, analizar qué perspectiva estás usando y cuestionarte si puede haber otros escenarios. Desde todas esas perspectivas ver qué ingredientes tienes o qué otras posibles existencias hay, si hay más personas que van a estar involucradas, cómo les vas a afectar, cómo lo verían ellos, cómo va a influir en el entorno, y analizar».

Lourdes Cascón defiende que en todo momento y ocasión es conveniente tener la mente clara para enfrentarse a una decisión. Cuanto más entrenado se esté para reconocer esa claridad y estabilidad del propio discernimiento, más ágil y atinada será la toma de decisión. Del acierto en esa actitud proyectiva de la que hablaba en su definición del *management* dependerá en gran parte el resultado que se obtenga. Apunta que, aunque lógicamente cualquier decisión se toma siempre en el presente, su fundamento puede estar en el deseo de que el futuro que se proyecta sea de una determinada manera y, por supuesto, estará influido por la explicación que nos dimos de un pasado determinado. «La precisión que el directivo desea obtener en el presente implica análisis y concentración, claridad y estabilidad en la mente». Estas características se convierten en indispensables de acuerdo con las enseñanzas del Dalai Lama, en las que Lourdes se apoya para generar su pensamiento sobre la gestión empresarial, para conocer la verdadera naturaleza de las cosas en todo su poder y para saber realmente cómo somos.

Es necesario permanecer atentos al arranque de los fenómenos y a la red de los que surgen y en los que existen, con una perspectiva amplia que comprenda el conjunto de causas y las condiciones implicadas, con una visión 360° para la estrategia empresarial. Así, resulta imprescindible examinar la influencia de las interrelaciones en los resultados y descifrar las estructuras de los sistemas (actores externos e internos y acciones involucradas).

«Una vez que ya te dices 'esto lo he contemplado', 'esto interesa', 'esto otro no', 'esto va a tener estos riesgos', cómo te sientes, quién eres tú para tomar esa decisión, cómo va a afectar a tu entorno, mides la probabilidad de error que tienes y tomas la decisión». Y para que el resultado sea lo más acertado posible, la primera acción a llevar a cabo es siempre limpiar el horizonte.

* * *

Lourdes Cascón es una mujer con un ansia de aprendizaje casi inagotable, de ahí que se haya formado en diversas materias que, siendo muy distintas, se complementan a la perfección para aumentar el rendimiento personal. La metodología práctica que ha diseñado tiene como bases de pensamiento, entre otras, la teoría del origen dependiente de las cosas que parte de las enseñanzas de Dalai Lama, las meditaciones del emperador romano Marco Aurelio, filósofo estoico, y el fundamento sistémico, especialmente las aportaciones de Kauffman y Senge.

Le pregunto acerca de cómo gestiona el amplio abanico de campos que maneja. «Actualmente lo gestiono con un claro objetivo: mejorar el liderazgo. Creo que para avanzar debes tener un objetivo y el mío es aprender para ayudar a las personas que quieran ser líderes a ser mejores líderes». En *Lider-A, 7 palancas del liderazgo*, su libro publicado casi a la vez que este, se recoge la metodología que ha diseñado y que supone indagar en las dependencias de causas y condiciones, y en llegar a comprender las correspondencias de cada acción con el resto de las causas para actuar así con mayor eficacia. «Requiere observar más allá de lo inmediato, permitiendo una posición muy ventajosa a la hora de organizar al equipo para obtener el máximo potencial».

Como persona que es de objetivos, está ahora mismo volcada en absorber el máximo posible de conocimiento en todo lo que pueda tener relación con el *management*, para aportar también el máximo posible al ámbito del liderazgo, que es su núcleo de actuación.

* * *

«Los seres humanos somos seres proyectivos. Estamos permanentemente proyectando lo que queremos que ocurra, lo que puede ocurrir y lo que no queremos que ocurra. Forma parte de nuestra esencia el levantarnos cada mañana para llevar a cabo nuestros proyectos y esto nos aporta felicidad». Existen muchas teorías que dicen que si el sentido de la vida no conecta con lo que se está haciendo se es mucho menos feliz. La proyección de lo que queremos que ocurra hace que nos encaminemos en su dirección.

Cuando se avanza en el estudio del *management* lo primero que surge es la afirmación de que «cualquier empresa está organizada por y para personas», y aquí es donde empieza a jugar un papel crucial el liderazgo. «Liderar es inspirar. Es lograr que se concrete el deseo de dar lo mejor de uno mismo para conseguir un objetivo específico», frase a la que me permito añadir que, además, debe ser ético, para que la manipulación, tan alejada del verdadero liderazgo, no llegue nunca a ocurrir. «El conocimiento de lo que la persona es desde los distintos ámbitos, explicado a lo largo de las distintas épocas de la ciencia y del pensamiento, otorga una riqueza indiscutible a la hora de autogobernarse y gestionar personas, responsabilidad intrínseca a la gestión empresarial».

«Liderar se basa en buena medida en relaciones humanas y, en especial, en su faceta emocional». Aunque la responsabilidad de ser líder recae en la intención del sujeto protagonista, la consecución siempre es otorgada por otro. «El hecho de comprender mejor a las personas y a uno mismo crea mejores líderes, lo que revierte en empresas más rentables y sostenibles y en una sociedad más feliz». Me explica Lourdes que «para llegar a un objetivo en una empresa hay que proyectar, hay que tener un orden y hay que organizar» y le cuestiono si las tres tienen necesariamente que ser llevadas adelante por un líder. «Efectivamente, un directivo puede dirigir y no liderar porque así lo haya elegido», ya hemos hablado de que para convertirse en líder el protagonista debe haber dado un paso al frente. «No siempre se encuentran ambas funciones en una misma persona y, ciertamente, un plan de negocio no tiene por qué partir de un líder».

* * *

Lourdes Cascón se ha sumergido en el estudio de los fenómenos mentales y emocionales (inteligencias, sentimiento y razón, de los que se beneficia la naturaleza humana) con la clara intención de obtener de cada una de las disciplinas que ha investigado aquello que pudiera ayudar a construir mejores líderes en el ámbito empresarial.

«En la metodología que he diseñado, la claridad y la agilidad en la toma de decisiones se nutre de disciplinas tan distintas como la filosofía aristotélica, la neurociencia y la programación neurolingüística, habiendo hallado sinergias que fundamentan la eficacia de mi metodología, a pesar de la distancia temporal que las separa». En su experiencia profesional ha observado que comprender cuál es el proceso mental y emocional del ser humano, con carácter previo a elegir cómo actuar, genera la posibilidad de obtener resultados extraordinarios y abre el abanico de opciones de actuación para alcanzar los objetivos propuestos. Posiblemente existan dos rasgos distintivos y diferenciales en la propuesta metodológica de Lourdes Cascón. Por un lado, la consistencia de las sinergias establecidas en las investigaciones que ha realizado y, por otro, lo práctico de su aplicación, al estar enfocada a la mejora empresarial.

Puesto que el liderazgo se mueve en el ámbito de las relaciones humanas y, en gran medida, en su faceta emocional, Lourdes Cascón defiende la conveniencia de que el directivo que quiera liderar ahonde en el mundo de la mente, de las emociones y los sentimientos. De esta manera, el método que propone se fundamenta en el entrenamiento en la comprensión de cómo funcionan los procesos mentales en el ámbito de las emociones y de la razón, partiendo de la distinción que realizó y explicó Aristóteles de las virtudes y vicios, y de las pasiones (diferenciando las que elegimos y las que nos sacuden), y buscando sinergias relevantes en los aprendizajes de las disciplinas que explican los procesos mentales. *Coaching*, programación neurolingüística, psicología positiva, las aportaciones de la biología sobre las sustancias químicas que segrega nuestro organismo según los procesos mentales y emocionales que vivimos, o el estudio de la actividad del cerebro que aporta la neurociencia, contribuyen en mayor o menor medida a la construcción de su propuesta.

* * *

Hablamos sobre dos cualidades que todo líder debe proyectar: confianza y coherencia. Nadie confía en una persona de la que no se sabe cómo piensa o cómo va a actuar y, dado que el líder solo puede serlo si el otro lo reconoce como tal, se convierten en imprescindibles. «Liderar es entregar, ser recibido y también recibir. Este flujo fundamenta el liderazgo y requiere necesariamente de confianza. Una confianza que, en su fragilidad, necesita de la coherencia en el decir y actual del líder para solidificarse». Me habla de la necesaria confluencia del trinomio pensar-decir-actuar que debe mantenerse en el tiempo para consolidar la confianza. Por su parte, la coherencia con el propio pensamiento ha de ser prioritaria.

Existen tantos estilos de liderazgo como personas que lideran; por tanto, el líder debe atreverse a mirar hacia dentro y saber cómo hacerlo para construir «un pensamiento propio, meditado y fundado, que permita un liderazgo auténtico. Cuando el pensamiento cambia, la coherencia entre el pensar y el obrar, ese 'mantenerse en la virtud' del que habla Aristóteles, se puede seguir sosteniendo a través del hábito de la introspección y el autoconocimiento».

Este párrafo que aparece en su libro resume su visión: «El líder sabe que ha de ser paradigma al que se observa y analiza. Habrá de estar atento a lo que hace y dice, a lo que de él se espera. Las expectativas que genera acopian gran relevancia, y el término defraudar no debería aparecer en este escenario. El líder nunca deja de comunicar; lo que omite o no verbaliza también es relevante».

«Liderar es también comunicar». En comunicación, tan importante es lo que no se dice como lo que se dice, y es en esta última parcela donde Lourdes centra una parte de su trabajo. Los fundamentos en los que se basa su metodología para conseguir una comunicación que alcance el impacto que pretende, abarcan la comprensión de los filtros a través de los que interpretamos lo que perciben nuestros sentidos, las representaciones lingüísticas que utilizamos y que condicionan nuestros modelos mentales, la relevancia que tiene hablar para la vida de los seres humanos y la capacidad de modelar nuestro juicio del pasado y del presente según los estudios del psiquiatra Luis Rojas Marcos, el estudio de la influencia de la lengua en la capacidad de influir y de manipular según estudios de lingüistas como Victor Kemplerer, o la eficacia del metamodelo del lenguaje en la programación neurolingüística.

* * *

Existen estudios sobre el desarrollo emocional y empático del ser humano, como el desarrollado por el psicoanalista y psiquiatra americano Daniel Stern, que dicen que una gran parte de la capacidad para empatizar del ser humano se crea en la infancia con la interrelación con los padres, porque cuando el bebé realiza gestos o emite sonidos, se siente comprendido y se establece una sincronización entre ellos. Es por ello por lo que existen personas con niveles muy altos de intuición y otras habilidades, digamos sociales, que pueden llegar a desarrollar un liderazgo natural. Sin embargo, son excepciones y, aún teniendo esta capacidad innata, lo cierto es que la formación juega un papel muy importante en el desarrollo de un líder. «Creo que, claramente, muchas de las habilidades del líder se pueden entrenar. De hecho, ese entrenamiento, contemplado en mi metodología, tiene constatada su eficacia cuando la implemento en la empresa».

«El liderazgo es incompatible con el egocentrismo, con actitudes exclusivamente autorreferenciales. Liderar es compartir, es pensar en los demás e intentar comprender cómo se sienten. Y, aunque resulta paradójico, precisamente por esa desafección con el egocentrismo enlaza con la alegría».

En su recién publicado libro, subtitulado *Lider-A, 7 palancas del liderazgo*, un interesante título, Lourdes Cascón embarca al lector en el conocimiento de su propio liderazgo, de quién y cómo es para liderar. «Abogo por el descubrimiento del propio liderazgo partiendo del conocimiento de uno mismo, y aporto metodologías y palancas cuyo conocimiento y entrenamiento facilitan su potenciación». El libro, basado en un conocimiento profundo, proporciona al lector fundamentos consistentes para que, desde ellos, pueda impulsarse a la acción.

El movimiento continuo que se produce a través del recorrido por las palancas que Lourdes propone que circulan desde el interior de la persona hacia fuera y desde lo que existe y sucede en el exterior hacia dentro. Al ser más consciente de las transformaciones se facilita el cambio y la adaptabilidad, y se encuentra la armonía necesaria para saber gestionarlas de la manera más eficaz. «La empresa precisa del atractivo de lo auténtico, del talento del carácter propio de cada persona que se fortalece con la introspección, con la aceptación de uno mismo, con sus valores e ideales, que revertirá en los que le rodean». La resistencia al cambio que habitualmente se produce se podrá superar con menor esfuerzo y mejores resultados al incorporar las palancas propuestas como hábitos en el gobierno de uno mismo y en la dirección de equipos y proyectos.

«Liderar se basa en una relación dinámica de naturaleza humana y social que se asienta sobre unos valores y se orienta hacia el logro del objetivo. Implica saber adaptarse a las circunstancias y necesidades cambiantes, al tiempo que requiere del dominio de unas determinadas competencias y habilidades que se han de trabajar en el día a día».

A lo largo de las páginas del libro vuelven a quedar patentes las diferencias entre un directivo que tiene potestad para mandar y un líder, que obtiene su condición al ser reconocido por aquellos a los que se dirige. «El jefe que inspire ese reconocimiento y acepte la responsabilidad de llevarlo a cabo tendrá la oportunidad de influir, inspirar, ilusionar e impulsar, cohesionando al equipo y dirigiéndolo de manera eficaz hacia la consecución de los objetivos».

El libro es fruto de un intenso trabajo en el que se entremezclan tres aspectos fundamentales. El primero proviene del profundo estudio de diversas disciplinas y autores, como puede ser el conocimiento de filósofos griegos como Platón y Aristóteles, las meditaciones del emperador Marco Aurelio, filósofo del estoicismo, el arte de la prudencia de Baltasar Gracián, los estudios de antropología de Ricardo Yepes, las aportaciones del Joseph Joubert, o las enseñanzas de cómo llegar a conocer las cosas como realmente son de Tenzin Gyatso, el decimocuarto Dalai Lama. El segundo parte de la observación, el análisis y la meditación realizados por Lourdes a lo largo de su experiencia profesional. Y, por último, con el tercero se incorporan ejemplos que le supusieron una fuente de aprendizaje y reflexión.

Lourdes Cascón ha sentido en su propia piel los efectos de cada una de las palancas que nos propone. «He comprobado su eficacia y he padecido en ocasiones su ausencia. No en vano hay muchos más directivos que líderes. Ojalá mis aportaciones contribuyan a que muchos de los primeros asciendan al olimpo de los segundos».

«HACER QUE LAS COSAS SUCEDAN»

FERNANDO BOTELLA ANTÓN

Sobre Fernando

Fernando Botella es licenciado en Ciencias Biológicas por la Universidad de Valencia y doctorado en Fisiología del Consumo por el MIT (Massachusetts Institute of Technology); Máster en Dirección y Administración de Empresas por ICADE; y *coach* ejecutivo diplomado por la Escuela Europea de Coaching. Es, además, miembro asociado del USA Neuroleadership Institute y del seminario «*Education&Technology*» de la Universidad de Harvard.

Atesora una experiencia directiva de más de 25 años en las áreas de Marketing y Ventas de la industria farmacéutica, donde es reconocido por el lanzamiento del producto Betadine. Su última posición en esta industria fue como CEO de Altana Pharma para España y Portugal.

Socio fundador y CEO de Think&Action, consultora internacional especializada en el desarrollo de talento y la transformación de organizaciones, es responsable del diseño, creación e implantación de escuelas de liderazgo y programas de desarrollo en grandes compañías. Imparte formación sobre innovación y pensamiento creativo, liderazgo, gestión de equipos, para todo tipo de compañías y sectores. Ha sido profesor del prestigioso Instituto Disney, donde formó parte del «*Living Laboratory*» e impartió clases en el curso Fundamental *Employee Engagement*, y en el programa *Creative Thinking*. Actualmente, organiza cursos con Lee Cockerell, exvicepresidente ejecutivo de Disney.

Pertenece al grupo de *speakers* Thinking Heads, en el que ha sido nombrado uno de los 100 *top speakers* en los años 2019, 2020 y 2021, así como *TOP 10 Speaker* en tema del liderazgo en los años 2020 y 2021.

Autor de varios libros, colabora con frecuencia en diferentes medios de comunicación y es el creador de dos blogs: *El blog de Fernando Botella y Biología de la Normalidad*, con más de 250.000 entradas al año.

https://fernandobotella.com/

Cuatro preguntas en primera persona

¿Cuál es su definición personal del management?

Yo lo entiendo como la capacidad que tienen los profesionales que se dedican al mundo de la empresa de barajar adecuadamente dos conceptos fundamentales.

El primero es la capacidad de gestión. Es decir, la capacidad para identificar qué recursos son necesarios para hacer que las cosas sucedan en las organizaciones y cómo hacer para que esos recursos sean productivos. Es decir, identificar los recursos y decidir sobre ellos.

El segundo concepto sería el liderazgo, entendido como la capacidad que tienen las personas en el mundo de la empresa para, primero, identificar los niveles de madurez de sus colaboradores en el desempeño de sus tareas, y segundo, trabajar con esos niveles y desarrollarlos.

Gestionar es I+D, en cuanto identificar y dirigir, o decidir y liderar; e I+D, en cuanto a identificar el nivel de madurez y desarrollarlo.

¿Cómo se define?

Con mi función profesional cotidiana lo que pretendo es acompañar a otros para que consigan sus objetivos. Se trata de que sean valientes y se atrevan a desarrollar los conocimientos y las habilidades para conseguirlo, porque esto no va solo de actitud, aunque sea muy importante, y a que utilicen las herramientas que lo faciliten.

Mi función es ayudar a la gente a descubrir sus potenciales, a conocer cómo pueden desarrollarlos y a descubrir cómo pueden hacer para que las cosas que ellos persiguen se consigan. Me dedico al mundo de la transformación de las personas y, por tanto, de los equipos.

Soy una persona inquieta. Un aprendiz continuo, maestro de nada. Tengo una mente creativa que se cuestiona mucho el *statu quo* de las cosas, y me gusta cuestionármelo incluso para hacer las cosas que siempre hacía. Creo que soy valiente y lo he demostrado en mi vida. Con 45 años, dirigiendo una compañía farmacéutica en España y Portugal, lo dejé todo para montar Think&Action, que es mi empresa actual. Asocio la valentía a la coherencia, que para mí es súper importante, que lo que uno es, hace y piensa guarde una cierta coherencia.

Me considero una persona alegre, feliz, de mente inquieta y muy trabajador. Valoro mucho el esfuerzo repetido en el tiempo, la determinación para hacer que las cosas sucedan.

Si tuviera que dar una última definición de lo que querría, en condicional, me gustaría ser lo que mi gatita Zoe cree que soy: una buena persona. Ella lo cree y, si de verdad fuera así, sería fantástico.

Un personaje, real o ficticio, que haya influido de manera notable en usted

Tengo muchos en los que me puedo inspirar, reales y no reales, pero hay dos que han influido clarísimamente en mi vida, tanto en la personal como en la profesional.

El primero es un director de orquesta, Benjamin Zander, ahora director honorífico de la Filarmónica de Boston. Hace muchos años fue profesor mío de liderazgo y la verdad es que me hizo entender cómo son las relaciones humanas de una forma diferente. Me hizo comprender el verdadero sentido de la escucha, la escucha generativa. Desde la música me ayudó a entender ciertas herramientas importantes a la hora de mantener buenas conversaciones y a manejar la pregunta. Esto sucedió a principios de los años 90 y cuando escribí mi libro, *Atrévete*, le dediqué un capítulo precisamente por todo lo que aprendí.

El segundo es Lee Cockerell, el que fuera vicepresidente ejecutivo de Disney durante muchos años. Me gusta contar que él fue el inventor de un nuevo modo de hacer felices a las personas o de generar entornos de felicidad, que de alguna forma se puede, aunque sea mercantilista, vivir en los parques Disney. Creó herramientas para conseguir una forma diferente de relacionarse con los equipos de trabajo y, sobre todo, comprendió de verdad lo que significa atender y dar servicio a los demás, y aquí no utilizo la palabra 'cliente' aposta.

Estas dos personas, en dos momentos y de dos maneras diferentes, provocaron en mí cambios importantes. Después trabajé durante más de tres años con enfermos terminales de cáncer y eso también me hizo cambiar de manera espectacular. Creamos la Sociedad Española de Cuidados Paliativos y todo el aprendizaje y la formación que nos llevó a que esto sucediera me hizo entender la vida de una forma diferente.

Tres recomendaciones: un libro, una película y un lugar que visitar que tengan un significado especial para usted

Aquí tengo que dejarme mucho. Como estamos hablando de *management*, voy a acercarme a este campo, pero quiero dejar constancia de que todo lo que no digo ni lo descremo, ni lo quito, ni lo aparto.

En el momento en el que estoy me apetece elegir como libro *Re-imagina* de Tom Peters (2006). Creo que estamos en un momento de la sociedad en donde toca re-imaginar muchas cosas, el talento, el modo de acceder a las relaciones entre las personas, el escaparate estúpido de las redes sociales, esa droga también estúpida de querer tener no sé cuántos *likes*… Creo que hay que re-imaginar muchas cosas relacionadas con el mundo en general, pero también en el mundo de la empresa.

Se me hace difícil elegir una película, pero, por lo que cuento también de mi propia historia en torno al mundo del *management*, diría *Matrix* (hermanas Wachowski, 1999). ¿Por qué? Porque al protagonista le dan dos píldoras, una azul y otra roja, para que elija si quiere volver al mundo real o quedarse en ese mundo imaginario. Nosotros también vamos a tener una pastilla roja y otra azul, la de nuestra vida humana, real, humanista por encima de cualquier otro criterio, y la del mundo tecnológico y todo lo que significa la máquina que hay detrás, y no sé si será una buena o mala noticia, pero no vamos a poder elegir entre una u otra, sino que vamos a tener que fusionarlas. Creo que eso hay que saber comprenderlo y recibirlo con los brazos abiertos.

Sobre el lugar, tengo muchos en el mundo donde me encuentro muy bien y donde paso mucho tiempo. Me gusta mucho un pueblecito muy pequeño de Suiza donde voy por una cuestión familiar, pero voy a elegir mi casa de Campello, en Alicante, donde vivo. Me gusta estar en casa con mi familia. Este es mi lugar, donde estoy y donde quiero seguir estando.

Conversando sobre su pensamiento

«La pregunta es la herramienta que más utilizo y la que más recomiendo. No me atrevería a decir que es la mejor porque no me gusta hablar desde el dogma, pero la pregunta es esencial para que una conversación no pierda el sentido. Y, sinceramente, dentro del *management*, es la herramienta más importante casi con total seguridad».

Existen conversaciones cruciales, importantes o valientes que un mánager no puede dejar de llevar a cabo porque si no las realiza dejaría de ser líder. «La conversación es clave fundamental en el liderazgo. Aunque el fin último es hacer que algo se transforme, sin duda ninguna, la conversación es el mejor vehículo».

Para Fernando Botella hay tres tipos de conversaciones que un líder no puede evitar. «El primer tipo tiene que ver con la influencia y la capacidad de pedir». A veces se hace necesario intervenir para que algunas cosas sucedan. «El segundo tipo son las discusiones». En una discusión nadie tiene de principio la razón y no se trata de establecer posiciones, sino de buscar intereses comunes. «No todo el mundo sabe discutir y, además, en las organizaciones a veces se confunde con otras cosas más cotidianas, como las reuniones, y no tienen nada que ver». El tercer tipo es el famoso *feedback*, que tampoco que utiliza correctamente en las organizaciones puesto que en ocasiones se confunde con dar instrucciones o hacer correcciones. «El *feedback* es un viaje al futuro», y es que hay que entender su sentido verdadero que no es otro que hacer un viaje al futuro para luego volver al presente y tomar decisiones, porque es el único lugar donde se pueden cambiar las cosas.

* * *

Siempre me han gustado las formaciones de las que sales con el ánimo renovado. Creo que el humor es una magnífica herramienta para el aprendizaje, y en esto Fernando Botella es un maestro. En las ponencias de *Salta contigo*, su último libro, comparte escenario con un humorista y un músico para transmitir de la mejor manera posible el concepto de saltar y de elegir la valentía en la vida y en la profesión. «Utilizo mucho el humor, también en mi propia forma de hablar, los juegos. Interactúo con la gente para conseguir esa sonrisa tan necesaria. Pero no soy solo yo; tengo compañeros de éxito que también lo hacen. Sin ir más lejos, Javier Fernández Aguado utiliza un humor ácido fantástico en muchas de sus ponencias».

«El humor tiene que ver con esa capacidad de poner nuestra mente en la mejor disposición. Por lo tanto, cuando estamos formándonos, si tenemos la mente en la mejor disposición hacia lo que estamos recibiendo, tanto desde la perspectiva más intelectual, de la inteligencia cognitiva, como desde la perspectiva más emocional, adquiriremos mucho más talento y nos llevaremos mucho más».

«No creo en la formación enlatada, en un solo formato y con repetición de contenidos que sirva para todo. Creo en los formatos múltiples, en la capacidad de personalizar la formación y, sobre todo, en que la formación se entienda como un entrenamiento». Se trata de aprender haciendo, comprender para terminar transfiriendo al día a día lo que se ha aprendido.

* * *

«La innovación es un continuo que debería llevar asociado el concepto de infinito». Otra cosa son los descubrimientos que, si encuentran un mercado, se convierten en innovaciones. «Las empresas están llenas de carteles donde pone la palabra innovación, pero muy pocas innovan. El motivo es que no hay innovación sin creatividad, lo mismo que no hay pensamiento estratégico ni *management*, en el sentido más amplio».

Esa capacidad de observar y cuestionarnos conscientemente la realidad, la creatividad, es un don humano. En el momento actual esto es fundamental solamente por una cuestión: «Estamos en un entorno absolutamente volátil. Puede que sea incierto, pero no más de lo fue en el pasado. Es complejo, porque la complejidad de la política socioeconómica cada vez pone más difícil la accesibilidad a los mercados y la interrelación entre los diferentes países. Es ambiguo, tanto que en ocasiones sabemos dónde hay que ir, pero no tenemos el talento para llegar. Pero ambas, complejidad y ambigüedad, también estaban presentes en el pasado. Entonces ¿qué es lo nuevo en el momento actual? Que no estamos en una época de cambios, sino en un cambio de época y esto pasa pocas veces en la historia de la humanidad». El verdadero cambio es la rapidez con la que todo cambia. «Entender esto es lo que justifica que la creatividad sea una herramienta esencial a la que deberíamos dedicarle más tiempo», porque es el único camino para innovar. Pero cuidado con confundirlo con optimizar, que queda bastante lejos. De hecho, tal es su importancia, que el Foro Económico Mundial incluye la creatividad entre una de las diez habilidades fundamentales de *management* que se van a necesitar en el corto plazo.

«Dalí decía que cualquier niño nace con una mente creativa absoluta. Es un genio. Y terminaba diciendo que cuando se hace adulto acaba siendo un imbécil, echando la culpa a la educación». Fernando Botella está agradecido a la educación que recibió y a la gente que lo educó, aunque no quita mérito a su esfuerzo personal, pero también reconoce que, a medida que vamos cumpliendo años, vamos matando la creatividad. «La creatividad surge libremente cuando de pronto nos encontramos en peligro y no tenemos la solución. En el mundo de la empresa sucede igual. Cuando ya no queda otra cosa que hacer no solo la impulsamos, sino que, a veces, hasta la exigimos». A menudo confundimos genialidad con creatividad, pero es cierto que, cuando la genialidad aflora, aplicamos técnicas de pensamiento para convertirlo en realidad y, para que esto suceda, necesitamos recurrir a la creatividad.

Es cierto que parece que la creatividad te lleva a asumir riesgos, «pero es que el mayor riesgo es no asumir riesgos. Parece que todos perseguimos la seguridad, pero la seguridad es el factor de fracaso y de crisis más importante que existe en el mundo de los negocios. Yo diría que también en la vida». Fernando se lanza a enumerar una serie de razones por las que vivir en la seguridad acaba por sacarte de la sociedad: «Cuando uno se sienta en la seguridad no estudia, ya no tiene una mente humilde, ya no se cuestiona el *statu quo* de las cosas, ya no escucha ni observa…» y finaliza diciendo «todo lo que no se mueve, se muere».

* * *

Fernando Botella defiende que, para iniciar un camino, tanto personas como organizaciones necesitan saber el punto y momento en el que están, de qué herramientas disponen y cuál es el destino que quieren alcanzar. No prestar atención a estos tres puntos «puede ser tan grave que destruya un proyecto o, incluso, la propia organización». Y sucede igual si el reto es personal. El problema es que pararse a pensar en ello requiere tiempo, y ni organizaciones ni personas sabemos manejar el tiempo, cuando es algo esencial.

Hace ya algunos años que, en un programa para la Universidad de Harvard, Botella y un colega mantenían que, viendo la agenda de un directivo, o de una persona, eran capaces de decir qué tipo de líder era. «Está basado en dos conceptos fundamentales. El primero: donde no pones tiempo no pones importancia; donde no pones importancia no pones foco; y en lo que no se pone foco, no sucede. El segundo es que, si no le dedicas tiempo a cuestionarte tu negocio, tu equipo, tus proyectos, no encontrarás nuevas formas de hacer las cosas, con lo que no cambiarás».

Realmente este camino se ha de recorrer en sentido inverso. La metodología *Design Thinking* nos enseña que el cerebro se mueve a través de la finalidad. Por lo tanto, lo primero que debemos hacer es visualizar el destino final. Después habría que planificar el camino, diseñarlo, saber cómo se va a llegar, conociendo el punto de partida. Y, por último, convertirlo todo en planes de acción. «Si empiezas directamente con el plan de acción, te estás perdiendo una parte muy importante de la planificación estratégica», que a fin de cuentas es de lo que estábamos hablando, de planificar para alcanzar objetivos.

* * *

«El miedo es absolutamente necesario. Lo contrario de la valentía no es la cobardía, sino la temeridad». Temeridad y cobardía, desde el punto en el que hablábamos, son estúpidas. La primera porque hará que no des un paso adelante bien dado, la segunda porque te inmoviliza.

«Si una noche salgo a pasear y alguien me pone un cuchillo en la garganta, que nadie me diga que no tiene miedo. El miedo es lo que te permite saber qué cosas se pueden hacer. Pero si dejo de salir a la calle por lo que me pasó, dejo de tener miedo y paso a tener temor, que es un miedo tóxico». Si proyectas sobre el futuro los temores del pasado te paralizas, así de simple. «Yo creo que es necesario tener miedo. Lo que no es necesario es que el miedo nos tenga a nosotros porque, cuando el miedo nos tiene, nos cristaliza».

Si sabemos que vivimos en entornos absolutamente inciertos, de cambio continuo «no tener miedo me parece una estupidez, lo mismo que ser cobarde». Tener miedo tóxico o vivir demasiado apegados al temor produce parálisis y aquello que no se mueve acaba por morir.

* * *

«La vida es un conjunto de muchas elecciones constantes que conviven con otras cosas sobre las que no tenemos el poder para elegir». Botella no sabe si llamarlo efectos o leyes, pero la vida es la suma de dos de ellas. Una es la ley del azar, que tiene que ver con todo aquello que no controlamos y en lo que no podemos intervenir. La otra es el efecto de la acción y la decisión, las elecciones que hacemos para que las cosas sucedan en nuestro quehacer diario. Botella piensa que entre una y otra por lo general pesa más la de la acción, pero, a veces, la ley del azar cobra tanta importancia que, aunque estés plenamente preparado para decidir, pasará por encima de las decisiones. «Ahora bien, aquí es donde creo que reside la elección primordial que nos otorga la libertad humana y que siempre está con nosotros. Aunque la ley del azar pase por encima nuestro o no hayamos sido capaces de tomar la mejor decisión, tenemos la capacidad para elegir con qué actitud nos vamos a enfrentar a lo que llegue. Somos observadores de nuestra realidad (lo que llamamos consciencia) y, en la medida que somos observadores de nuestra realidad, tenemos la capacidad de decidir, actúe la ley del azar o la de nuestras propias decisiones, cómo nos tomamos aquello que sucede. Y esta es la verdadera elección».

* * *

Llega el momento gramatical y le pido que me conjugue talento y motivación.

«Deberían vivir más juntas de lo que viven, pero, para mí, la motivación está sobrestimada». Fernando a veces se encuentra en lugares donde la motivación se confunde con la animación y le piden que lleve adelante una charla simpática de la que la gente salga muy contenta y cuente que se lo ha pasado muy bien, y eso no es motivación. Primero hay que trabajar la voluntad para llegar a la motivación y eso no se logra en una charla animada sino trabajando intensamente, individual y colectivamente. «Desarrollar la voluntad significa hallar el sentido de las cosas y esto es más importante que la motivación porque es lo que la provoca. La motivación es algo tan intrínseco que en realidad nace de la capacidad que cada uno tiene de poner voluntad para que las cosas sucedan, incluso cuando no te gustan, y esto es clave». Para explicarme la diferencia me cuenta que en la conferencia que lleva adelante junto con Toni Nadal hablan de que cuando llega el 26 o el 27 de diciembre, en plena Navidad, Rafael Nadal no encuentra motivación alguna para ir a Australia a disputar el primer torneo del año. Le apetecería más quedarse con su familia en Manacor y celebrar el Año Nuevo, pero tiene una fuerza de voluntad tan tremenda que le da la motivación necesaria para ir hasta Australia e intentar cada año conseguir el mejor resultado.

Por su parte el talento es absolutamente necesario para conseguir los objetivos. El mánager tiene que ser un buen gestor de talento, tiene que saber identificarlo, fidelizarlo y hacerlo crecer. «El talento está en continuo movimiento y tiene que estar al servicio de que las cosas sucedan. Tiene que ver con la habilidad, con la actitud con la que nos enfrentamos a hacer que el conocimiento se ponga realmente en movimiento».

«El talento para mí es el top del *management*, donde creo que deberíamos poner el foco encendido con la luminosidad más potente». Una de las definiciones más extendidas de liderazgo tiene que ver con la capacidad de hacer que la gente saque el mayor talento posible de sus habilidades. Me aporta la definición que a él le dio Lee Cockerell: la mejor habilidad de un líder es la habilidad de desarrollar habilidades. Y todo esto, además, tiene mucho que ver con el talento.

* * *

Para cerrar la conversación le hago la pregunta del millón: ¿se puede ser un buen directivo siendo mala persona?

«Para mí es de esas cosas que son indiscutibles. No. Y no lo digo desde el dogma, sino desde la realidad que yo vivo. Si alguien no tiene la buena voluntad de trabajar para hacer que el trabajo sea bueno para todos, le diré que no es buena persona y, por lo tanto, no podrá ser un buen líder. Esa es la clave». Ahora bien, nos quedaría definir qué es eso de ser buena persona…, pero no queda tiempo ni espacio para más.

«HÁBITOS QUE CONSTRUYEN»

IGOR GONZÁLEZ DE GALDEANO ARANZÁBAL

Sobre Igor

Consultor y conferenciante, Igor González de Galdeano ha sido uno de los únicos doce ciclistas españoles en portar el *maillot* amarillo del Tour de Francia.

Es licenciado en Ciencias de la Educación y del Deporte, y CEO de la empresa Kirolife. Su formación se fundamenta en sus experiencias como deportista y directivo y en una profunda formación en *management*. Igor es un referente en gestión de personas y organizaciones.

En 2021 fue distinguido por «la inquietud permanente, la mejora de su equipo, la búsqueda de la excelencia profesional, la ayuda a los demás y el espíritu detallista», obteniendo por estos motivos el premio «Javier Fernández Aguado», galardón que recibió en Madrid. Ese relevante reconocimiento ha sido entregado también a personalidades tan relevantes como Isidro Fainé, Sandra Ibarra o José Lozano.

Tras más de 20 años relacionado con el mundo del deporte, en 2019 creó la empresa Kirolife, una consultoría que busca unir deporte y empresa trasladando los valores del deporte, de la actividad física, al mundo de las organizaciones. Centrada en eventos que contengan contenidos que impulsen la formación y desarrollo de organizaciones, Kirolife ha conseguido traspasar fronteras, desarrollando su actividad no solo en España, sino también en Francia e Italia.

Dentro de Kirolife, Igor González de Galdeano desarrolla conferencias y programas de formación basados en su conocimiento del *management* y en sus experiencias personales. Liderazgo y gestión de equipos son algunas de sus experiencias, que traslada desde la perspectiva del deporte, todo ello unido a valores que lo han acompañado en su vida deportiva, como la disciplina, la humildad, el esfuerzo, el trabajo en equipo y el pensamiento a largo plazo. *«Kirolife, un puente entre deporte y empresa»*. Así lo define Igor González de Galdeano.

En 2022 presentó su libro, *Pedaleando hacia el éxito* (Kolima, 2022), donde desgrana las claves para alcanzar el éxito tanto en lo personal como en lo profesional, que pasa inexorablemente, primero, por saber liderarse a uno mismo.

https://www.kirolife.es/

Cuatro preguntas en primera persona

¿Cuál es su definición personal del management?

Vengo del mundo del deporte, donde he estado más de 20 años en su práctica y de 2005 a 2013 como directivo. El deporte me ha dado la oportunidad de vivir muchos de los conceptos que el *management* desarrolla de forma teórica. He vivido en primera persona el liderazgo de la mejor carrera por etapas del mundo, el Tour de Francia. He podido gestionar equipos, tanto como líder de un equipo ciclista, como director general de una organización, donde RRSS eran clave para el desarrollo de la misma. Considero que el deporte, y en sí la práctica deportiva, es una escuela de valores y aprendizajes muy interesantes para las empresas.

Tantos conceptos que ahora he podido desarrollar de forma teórica y que gracias a mi carrera profesional he podido experimentar. Una de las frases con las que me identifico del mundo de *management* es: «Teoría sin práctica, utopía. Práctica sin teoría, rutina». El deporte me ha dado la oportunidad de experimentar y tomar consciencia de los conceptos que el *management* quiere trabajar dentro de las organizaciones.

Por lo tanto, el *management* es una herramienta muy valiosa que permite acompañar a las organizaciones para un correcto desarrollo tanto de las personas que la conforman como en su estrategia de desarrollo empresarial. Hay que tener en cuenta que el mundo empresarial está en un constante cambio y por lo tanto el *management* juega un papel importantísimo en la ayuda a las organizaciones a adaptarse a esos cambios y así seguir creciendo en la dirección correcta.

¿Cómo se define?

Me considero una persona reflexiva y comprometida. No hay duda de que estas dos definiciones me las ha dado no solo la formación que he adquirido, sino sobre todo las experiencias vividas. Los aciertos, los desaciertos, los fracasos, los éxitos. He intentado conseguir sacar aprendizajes de todos ellos. Con todas estas experiencias, hay un valor que me ha quedado marcado: el pensamiento a largo plazo. Mis experiencias en el deporte y la empresa me han enseñado que las grandes decisiones hay que tomarlas de forma reflexiva, apoyándote en tu equipo, y afrontarlas con el compromiso de guiarte por los valores que te definen a ti y a la organización.

Pensamiento a largo plazo implica pensar en misión, visión, estrategia, en sistemas de confianza, en personas, en valores. En construir desde el presente, pensando en el futuro. *Management* desde la práctica consciente, apoyada en conceptos teóricos que haga de las organizaciones un mejor lugar en el que las personas que la componen puedan desarrollar todo su potencial.

Un personaje, real o ficticio, que haya influido de manera notable en usted

Si hay alguien que ha influido en mi desarrollo y me ha introducido al mundo del *management* de una forma fantástica ha sido Javier Fernández Aguado. Él ha sido la persona que me ha puesto en la carretera para poder sacar todo lo que yo llevaba dentro, la persona que más ha influido en mi pensamiento y, sobre todo, en la forma de estructurar todas mis ideas. A veces tienes muchas ideas, pero no eres capaz de desarrollarlas por ti mismo, y eso es lo que me ha pasado a mí gracias a Javier.

La segunda, o más bien, las dos personas en una que más han influido en mí han sido mis padres. Me han inculcado los principios, creencias y valores con los que he caminado estos años y en los que me he basado para desarrollarme a nivel personal y profesional.

El principio de la familia, el principio de la amistad y todos los valores que estos principios conforman han marcado mi trayectoria personal, deportiva y empresarial.

Tres recomendaciones: un libro, una película y un lugar que visitar que tengan un significado especial para usted

Déjame que, en el caso del libro, no diga uno en particular y englobe unos cuantos en esta elección. He podido disfrutar de la lectura de numerosos libros, pero leer sobre personajes históricos me ha ayudado a entender los diferentes modelos de liderazgo y gobierno a lo largo de la historia: Winston Churchill, Napoleón, Hitler, Stalin, Mao Tse Tung, Eisenhower. He disfrutado mucho leyendo sobre ellos, su repercusión a nivel político, sus actuaciones en diferentes momentos importantes de la historia. Aunque no todos han dejado un legado digno respecto a lo que se entiende por un buen gobierno y un buen líder.

Como película *El señor de las moscas* (Harry Hook, 1990), porque demuestra que la convivencia se basa en tener una serie de reglas y normas para que la sociedad camine en la dirección correcta. Esta película demuestra muy bien cómo una organización anárquica y sin ningún tipo de reglas se puede volver contra uno mismo y convertirse en un desastre. Es una estupenda metáfora.

El lugar donde más he vivido, he aprendido y me he formado es una zona de Álava. Se llama Barrundia. Una zona de la llanada alavesa, donde los pueblos de Larrea y Narvaja marcaron mi infancia y adolescencia.

Conversando sobre su pensamiento

En su trayectoria profesional, Igor González de Galdeano ha vivido dos situaciones muy diferentes entre sí. En la primera había deportistas que decían que el deporte y la empresa no tenían nada que ver. En la segunda, había empresarios que defendían que la gestión empresarial era la única válida para gestionar un equipo o una organización deportiva. «No es así. Ambos ámbitos tienen mucho que ver y pueden trabajar el uno con el otro para mejorar las organizaciones, traer aspectos del mundo del deporte a la empresa y al revés».

Igor ha convivido con deportistas que no han tenido capacidad de aprendizaje de las experiencias que han vivido. Muchos de ellos se quedaban con la idea de que «o les habían fallado, o les habían engañado». No veían más allá del resultado y no sacaban partido del aprendizaje que aportaba la experiencia. Al final, de todas las cosas que a uno le suceden a lo largo de la vida, sean buenas o malas, se puede sacar partido. «A mí me han sucedido muchas situaciones como ciclista y las he tomado como un aprendizaje de forma innata. Las analizaba. Me gustaba hacerlo. Tenía inquietud por conocer las causas y cómo se podía salir de ellas».

En la etapa en la que González de Galdeano gestionaba un gran equipo tuvo directivos (patrocinadores) que influían en la gestión deportiva, pero que únicamente basaban sus decisiones en la gestión empresarial, lo que no era viable. «Lo que había que hacer era unir ambos ámbitos. Ser capaces de coger cosas del mundo empresarial para desarrollar organizaciones deportivas. El mundo empresarial tiene mucho que aprender de la organización deportiva, sobre todo en la gestión de personas».

* * *

Hay dos frases que a González de Galdeano le llaman mucho la atención. La primera tiene que ver con aquellos que un día deciden hacer deporte: 'Voy a hacer deporte para ponerme en forma'. La segunda con aquellos que piensan en convertirse en emprendedores: 'Ya es hora de que monte mi propia empresa y de esta manera también aprenda'. «Creo que ambas frases son una gran equivocación. Para hacer deporte hay que estar en forma primero; por lo tanto, no hay que hacer deporte para estar en forma, sino estar en forma para hacer deporte. Para montar una empresa hay que formarse primero, y no montar una PYME para formarse». Tanto para hacer deporte como para desarrollar cualquier empresa la formación previa es necesaria, y eso es algo que Igor echó mucho de menos cuando era deportista. «Yo me preparé para correr un Tour de Francia, para ser líder y para llevar el *maillot* amarillo el mayor número de días posibles. Pero nadie me preparó mentalmente para afrontar lo que suponía ser el líder del Tour de Francia. Me lo habían contado, pero una cosa es que te lo cuenten y otra muy distinta que te den las herramientas necesarias para poder soportar esa situación». El sueño infantil de Igor de convertirse en líder del Tour de Francia se cumplió, pero no fue capaz de disfrutarlo. Lo dice con una cierta tristeza. «Siempre lo achaco a la falta de formación mental para afrontar situaciones que te superan, que nadie te cuenta y que te van sobreviniendo una a una. Por eso creo que la formación en *management* es fundamental, no solo en las empresas, sino también en el deporte».

Me cuenta que, como todos, ha conocido personas que han tenido buenas y malas experiencias tanto en el desarrollo deportivo como en el profesional, pero que, en su caso, solían hacer aquello del «ojo por ojo y diente por diente», y que él siempre se rebelaba. «Creo que en los procesos no todo va en contra tuya, sino que hay situaciones que se viven y que gestionas como buenamente puedes, pero que lo que tienes que hacer es aprender a analizar de tal manera que, si vuelven a suceder, tengas las herramientas para salir fortalecido de cualquier situación difícil».

Todos estos comentarios me llevan a tener muy claro que la preparación es fundamental, no solo física para el deporte, y no solo mental para las empresas.

Aunque Igor González de Galdeano vuelca ahora su actividad más en el mundo empresarial, me surge la duda de si toda esa vivencia de saber cómo gestionar la parte mental, que es tan importante y que debería formar parte de la mochila de entrenadores y preparadores, continúa transmitiéndola a otros deportistas. «Sí. Hubo unos años, en una fase de mi licenciatura en Ciencias de la Educación y del Deporte, en los que estuve un tiempo asesorando a deportistas que tenían problemas de adaptación a los equipos a los que pertenecían. Vivían una situación personal y profesional complicada, y no eran capaces de encontrar su camino. Entonces, más que actuar como un preparador físico, lo que hacía era tratar de ayudarlos a entender qué era lo que les estaba pasando y cómo gestionar toda esa situación».

Parecía que ese iba a ser el camino de Igor después de retirarse de la competición, continuar al lado de los deportistas aportando mucho de lo que había sido su experiencia. Pero la vida a veces te lleva por caminos que nunca pensaste que recorrerías y la casualidad hizo que un buen día conociera a Javier Fernández Aguado y todo cambiara. «Siempre había pensado que las experiencias que había acumulado, lo que había vivido como deportista y también como persona, se podía trasladar al mundo de la empresa y podían ser muy valiosas». Faltaba dar respuesta a los 'cómos' y ese cruce fortuito en el camino cambió el rumbo de su actividad. Ahora González de Galdeano hace muchas más cosas; el mundo del deporte no lo ha perdido y lo hemos ganado para las organizaciones.

* * *

Como tantos miles de personas de mi generación, yo también he pasado muchas sobremesas veraniegas en mi vida viendo por televisión el Tour, el Giro o la Vuelta. Siempre me he preguntado acerca de lo que le pasaba a un ciclista por la cabeza cuando emprendía una escapada, sabiendo que estaba solo pero que dependía de su equipo. Le pregunto acerca de cómo se gestiona esta dicotomía (estar solo, sin dejar de pertenecer a un equipo) porque en las empresas también tienes que estar preparado para trabajar tanto en equipo como individualmente. «Una de las cosas que les sucede a la mayoría de los deportistas, pero que también sucede en las organizaciones, es el sentimiento de urgencia. Todo es urgente». Me explica que a un ciclista hay que enseñarle que cuando protagoniza una escapada debe pensar en cómo puede actuar el pelotón, qué puede pensar el equipo o cómo debe administrar el esfuerzo; que hay quien se centra en ir lo más rápido que puede y acaba por provocar una situación de caos que finalmente va en contra suya. «Entender los datos necesarios para controlar la situación que estás viviendo es fundamental y eso hay que trasladárselo al deportista. En la alta dirección o liderando equipos sucede lo mismo. Hay situaciones en donde el líder tiene que tomar decisiones, a veces difíciles, que suelen contener un sentimiento de urgencia». Parece que, cuando surge un problema, hay que arreglarlo en el siguiente minuto y no es así. Muchas veces hay que enseñar al líder que, por muy grave que sea la situación, la solución requiere un tiempo. «Hay que analizar todo: lo tuyo, el entorno, las personas, los grupos que influyen en el problema…». Igor continúa, «vete a la cama y al día siguiente ¡afróntalo!». El acerbo popular nos diría que lo mejor es consultarlo con la almohada.

Existen muchas similitudes entre el mundo deportivo y el de las organizaciones. Esta es una de ellas. «Hay determinadas situaciones que te estresan de tal manera que la urgencia se vuelve contra ti». Esto ha pasado con el COVID, me pone como ejemplo. Muchas empresas tomaron la decisión rápida de generar ERTES, de enviar a sus trabajadores a casa, sin escucharlos y sin explicar de verdad lo que querían hacer y los motivos por los que lo hacían, generando caos y mucho malestar. Fueron quizá, en algunos casos, decisiones precipitadas que han necesitado todavía un esfuerzo mayor cuando se ha querido dar marcha atrás.

Trasladando esa escapada ciclista el mundo de las empresas, le pregunto acerca de si la formación y el trabajo en un deporte te aporta herramientas para gestionar lo que conocemos como la soledad del directivo. «Se habla mundo de la palabra consciencia. Ser consciente de lo que te está pasando. Y es, precisamente, lo que no solemos tomar. En el libro hablo de la soledad del deportista y de la soledad de directivo. En muchos casos depende de la interpretación que hagas de las situaciones que estás viviendo». El mayor miedo de un deportista es que llegue el momento de tener que abandonar el deporte que practica, que puede ser porque no se tiene un contrato o porque la edad, que no perdona, le obliga. Y llega la gran pregunta ¿ahora qué? Un deportista «el pasado lo vive en compañía, el futuro lo vive en soledad». El futuro de un deportista es siempre incierto. Igor estuvo más de veinte años montado en una bicicleta y sabe muy bien de lo que habla. «Cuando has estado toda una vida dedicado solo al deporte careces de una formación empresarial. Pero piensas que, por haber sido un gran deportista, puedes llegar a ser un gran líder, que puedes desarrollar una empresa porque tienes remanente económico, y que eso te puede llevar al éxito». Lo que normalmente sucede es que las personas que durante años te pasaron la mano por la espalda, como él mismo dice, desaparecen, al tiempo que aparecen los que ofrecen negocios redondos «y te embarcas porque has vivido mucho tiempo en la prensa y necesitas mantener vivo ese reconocimiento social». En la mayoría de los casos estos deportistas fracasan y pierden muchos de sus ahorros en un negocio donde lo que prometieron no sucede. A veces, además de los ahorros, pierden incluso su vida personal.

En el caso de los directivos pasa un poco lo mismo. El directivo que ha fracasado en la dirección de una empresa, que pudo salir de una situación complicada, en vez de verlo como una oportunidad de desarrollo, lo ve como una adversidad o una amenaza y, normalmente, se vuelve en contra incluso de sí mismo. Unas veces intenta esconderse, otras busca cualquier situación para seguir siendo el directivo que fue, y todo esto genera mucha tensión, no solo a nivel profesional, sino también personal. «La verdad es que la destrucción personal tanto del deportista como del empresario sucede, y hay que acompañarlos porque esta fase de reconstrucción es muy importante».

* * *

Muchas son las habilidades que Igor González de Galdeano gestiona: trabajo en equipo, gestión emocional, equilibrio personal, humildad, disciplina… Parece que el mundo deportivo trata de mantener vivos los valores fundamentales, pero que el mundo empresarial los está perdiendo e indago en su pensamiento sobre este tema.

«Creo que más que la pérdida de los valores el problema es que muchas organizaciones ponen su base de desarrollo en el coste y si traduces el valor de las personas en su coste comienza a haber conflicto». Nadie pone en duda que el mundo se está transformando a gran velocidad gracias a la tecnología. «Nosotros somos la generación del cambio y creo que las organizaciones deben volver a un concepto fundamental que es el liderazgo intergeneracional». Se trata de unir el talento de todas las generaciones, para lo que hay que crear organizaciones abiertas en las que todo el mundo tenga la oportunidad de contribuir y aprender los unos de los otros.

«Considero que para muchas organizaciones los valores son como carteles de publicidad, porque la realidad es que existen muchas personas que no saben lo que es el sacrificio o la disciplina, porque no lo han vivido, y creo que el deporte, la actividad física para todos utilizándola como práctica consciente, puede ayudar». La disciplina ha sido fundamental en la vida de González de Galdeano y lo cuenta en su libro. «Para mí la disciplina es llevar adelante todos los valores que una organización debe impulsar pero, para ello, primero los tienes que experimentar. Las personas tienen que sentirse identificadas con esos valores y, aunque la cuenta de resultados es fundamental, no debe convertirse en la primera condición para atraer personas a la empresa o a la institución».

En este punto, una de las vivencias que con más intensidad ha vivido como deportista y directivo ha sido la gestión de equipos en época de crisis. «En estos últimos años hemos vivido situaciones de crisis, con el COVID, donde los equipos han pasado de una situación presencial a una situación remota; el teletrabajo».

También ha vivido como deportista situaciones de ruptura de convivencia de equipo, donde los objetivos individuales estaban por encima de los objetivos generales. Como directivo de un proyecto deportivo ha gestionado la pérdida del líder del equipo en el objetivo más importante de la temporada por una caída. La gestión de estos equipos en estas situaciones de crisis es fundamental para seguir adelante y guiar a las personas para alcanzar el objetivo marcado.

* * *

Llega el momento de hablar de Kirolife, su gran proyecto, con el que quiere demostrar que todas las vivencias y la experiencia que le aportó liderar el Tour de Francia, considerada la mejor carrera del mundo del ciclismo, sirven como aprendizaje para las organizaciones que quieren vestir el *maillot* amarillo y ser líderes dentro de su sector.

«No estamos tan preparados como pensamos. Creemos que por haber acabado una carrera universitaria estás ya preparado para afrontar el mundo laboral, y no es cierto. Hay que seguir formándose, sobre todo en el tema de la gestión de personas, que creo que es el punto más bonito del liderazgo, pero a la vez el más complicado. La formación aquí es fundamental si se quiere llevar a las organizaciones por el buen camino».

El proyecto nació como consecuencia de reuniones mantenidas con empresas preocupadas no tanto por el conocimiento sino por las personas y los valores que atesoraban a la hora de trabajar dentro de una organización. Tan solo un 10 % de los deportistas llegan a ser profesionales, pero su paso por el deporte, aunque a veces no son conscientes de ello y lo llevan de forma innata, les aporta unos valores fundamentales que son muy valiosos en el mundo empresarial.

Por otra parte, la actividad física en las empresas es fundamental. «Aquí hay dos partes: la primera es el coste que supone la vida sedentaria en cuanto a enfermedades y lesiones; y la segunda es qué hacer, si prevenir o curar». Los deportistas de hoy en día se lesionan menos porque cuentan con planes de prevención. Se trata de tener pensamiento a largo plazo y las empresas deberían entender que no se trata de implantar planes periódicos sino de crear una verdadera cultura y unos hábitos que les lleven a mejorar la salud. «Los hábitos nos construyen o nos destruyen», como ha escuchado decir en alguna ocasión. Una frase que resume una filosofía de vida a largo plazo.

* * *

«Por medio de la actividad física, lo que quiero es ayudar a las personas a tomar conciencia de las emociones que sienten para que sea capaces de trasladarlas a sus grupos de trabajo y a sus equipos. Quiero que mi experiencia les ayude a tener un buen aprendizaje que después puedan extrapolar a sus organizaciones».

«A veces decimos lo que los demás quieren escuchar, cuando lo importante es comunicar bien lo que haces y lo que quieres hacer. Normalmente no sabemos hacerlo».

Igor González de Galdeano se ha preparado para comunicar bien y el resultado son sus programas, sus conferencias y, por supuesto, su libro, *Pedaleando hacia el éxito*, una muy recomendable lectura.

«VALORES EN ACCIÓN»

MARTA PRIETO ASIRÓN

Sobre Marta

Marta Prieto es licenciada *cum laude* en Derecho y diplomada en Empresa por la Universidad Pontificia Comillas de Madrid (1989) y MBA con mención de honor por la Universidad de San Francisco, California (1993). Diploma de Educación y Tecnología de la Universidad de Harvard (Boston, MA). *Coach* certificado en EGEA, en *coaching* con caballos.

Empezó su carrera profesional en 1989 en Arthur Andersen en la división financiera, donde estuvo dos años antes de irse a Estados Unidos a cursar un MBA. Al terminar se incorporó en Deutsche Bank, Madrid, en el área de grandes empresas; en esa época tuvo oportunidad de trabajar un año en Londres en el banco de inversión Morgan Grenfell en financiación de proyectos. En 1994 volvió a Madrid y se unió al equipo de *corporate finance* de Alpha Corporate como gerente, con responsabilidad en procesos de fusión y adquisición de empresas, y elaboración de planes estratégicos, donde permaneció los siguientes seis años.

En el año 2000 creó su propia empresa de formación, Centro de Talento Creativo, centrada en la consultoría de formación. Desde entonces dedicó su actividad profesional a la formación, habiéndose convertido en consultora y docente especializada, y conferenciante. Ha impartido formación a cientos de profesionales de empresas de este país y multinacionales privadas y públicas, y a diversos Comités de Dirección en habilidades directivas y estrategia.

En el 2010 fundó la editorial Kolima (www.editorialkolima.com), que actualmente dirige, una «fábrica de conocimiento» para promover valores en el mundo de la empresa y en la sociedad, desde donde publica la obra de diversos autores de *management*, *coaching* y otros temas relacionados con el crecimiento personal, el liderazgo, la espiritualidad y novelas con valores. En poco más de diez años ha desarrollado un catálogo de más de 300 títulos con escritores de primera línea, con presencia internacional, y ha creado una marca que se ha hecho un hueco en el panorama editorial. Entre otros logros alcanzados, la editorial Kolima tiene un acuerdo con la Cátedra de ICADE de Ética empresarial para promover valores en la sociedad.

Marta colabora con diversas fundaciones y es miembro de la Cátedra del Instituto de Negociación de la Universidad Francisco de Vitoria.

Ha publicado dos libros: uno de casos prácticos de marketing internacional y el libro *Simple-Mente un caballo, liderazgo con valores*, así como varios cuentos infantiles.

Cuatro preguntas en primera persona

¿Cuál es su definición personal del management?

Es un arte que no aprendes en toda una vida y que requiere de mucha observación e interés en la figura del ser humano.

Como arte que es, con los años no deja de sorprenderme. Si algo he aprendido tras 30 años de estudio y ejercicio profesional es que «solo sé que no sé nada», pues cuando más empiezas a tener un cierto conocimiento de algo y comienzas a sacar tus propias conclusiones, ahondando en lo que es el abismo del ser humano, más necesitas volver la mirada hacia los clásicos y a la razón que tenían, pues eran muy buenos observadores de la naturaleza humana.

¿Cómo se define?

Si algo me caracteriza creo que es que soy una persona con un interés casi insaciable por aprender. Esto es lo que me ha llevado, entre otras cosas, a ser editora. Siempre tengo presente que el tiempo se va acortando y que hay que ir más y más rápido, por lo que me he vuelto más selectiva porque no merece la pena perder el tiempo en lo insustancial.

Creo que soy muy trabajadora. A veces, incluso me sorprendo de mi propia capacidad de trabajo. Soy persistente, en general de pensamiento positivo y me ilusiono con las cosas, cualidades que me parecen esenciales en el campo del emprendimiento.

Tengo una familia numerosa. En general prefiero la abundancia en todas las áreas. Practico varios deportes e intento manejarlo todo. Me encanta exprimir la vida en todos sus aspectos y, sobre todo, disfrutar de todo lo maravilloso que me ofrece.

La vida es complicada, pero procuro siempre ilusionarme una y otra vez con lo que hago. Tengo capacidad de regenerarme, de procurar ver constantemente la parte positiva de todas las situaciones. Esta es una cualidad que siempre me ha caracterizado y lo he podido constatar en momentos muy duros, de los que he salido bastante bien y rápido.

Un personaje, real o ficticio, que haya influido de manera notable en usted

Si nos vamos al ámbito literario, los libros me han influido mucho. Fui una lectora precoz, muy intensa y he leído mucho de todo. Los grandes escritores, sin duda, han determinado quien soy hoy.

Empecé muy joven con el género de aventuras, que me encantaba. A los 8 años leí las obras completas de Julio Verne que mi padre me había regalado, encuadernadas en piel, una colección que aún conservo. Les iba contando a mis amigas lo que leía en la ruta del colegio y entonces me parecía normal. Lo que (no) leen los niños de hoy a los 8 años me produce escalofríos.

También me han gustado mucho el ensayo, la literatura de espías, los clásicos ingleses… Todas estas lecturas marcaron mi forma de ver la vida y me abrieron la mente. Estudié Derecho porque quería ser diplomático para poder viajar, estar en todos los sitios y aprender constantemente.

Y la persona que me ayudó a hacer todo esto fue mi padre, que supo inculcar a sus hijos el amor por la lectura.

Tres recomendaciones: un libro, una película y un lugar que visitar que tengan un significado especial para usted

El libro: *La vida es sueño,* Calderón de la Barca. Me lo sabía entero de memoria.

Es un libro que ya de joven me hizo reflexionar sobre la vida. Seguramente por eso muchas veces me tomo la vida como un juego, como un sueño. Cuando en momentos me pongo dramática, como nos pasa a todos, soy capaz de coger perspectiva gracias en gran medida a esa visión. Es un libro que me ha servido un poco de filosofía de vida.

¿Una película? Sin duda, *Memorias de África* (Sydney Pollack, 1986). Fui a Kenia después de haber leído a Isak Dinesen y, para mí, es la película por antonomasia. La historia, los actores, la fotografía, la música…, me encanta todo de ella.

El lugar en el mundo en el que yo podría estar eternamente –y lo sé con seguridad porque es donde pasé los cuatro meses de confinamiento y adonde voy todas las semanas–, es un sitio sencillo en la montaña, en Candeleda, en la Sierra de Gredos. Es mi santuario, lo que me da el equilibrio personal. Trabajo mucho durante la semana, pero los fines de semana voy allí y me cargo de energía. En realidad no necesito mucho más. Si me quitaran todo, allí sería feliz.

Conversando sobre su pensamiento

Las organizaciones tienen mucho que aprender del reino animal. Muchas están enfermas porque se han desconectado de lo más esencial. El reino animal, como la naturaleza en general, está en armonía y en equilibrio (salvo cuando nos lo cargamos). Pero las organizaciones no, y así pasa lo que está pasando, que no encuentran el camino para alcanzar el objetivo de conjugar lo humano y lo económico de forma coherente.

Los animales entienden esto y en ellos opera un equilibrio sistémico invisible. Las organizaciones también lo tienen, pero no se dan cuenta de lo importante que es. El paralelismo es evidente y ahí hay mucho aprendizaje.

«El exceso es tan malo como el defecto. Nos hemos pasado en procesos, en burocracia y, aunque se habla mucho de la persona y del cliente en el centro, pocos lo practican y se ha perdido la perspectiva» me explica. Las organizaciones cada vez se parecen más a ministerios y se han olvidado del sentido común y de enfocarse en lo que de verdad es importante. Al final, el problema es la falta de liderazgo. No existen líderes que conjuguen todos los elementos con armonía y que realmente estén al servicio de los demás. Una reflexión que muy bien podría aplicarse a la política.

Peter Drucker, y otros muchos autores, ya dijeron que uno tiende siempre a su máxima incompetencia. Las organizaciones se concentran tanto en la parte burocrática procedimental, que acaban por olvidar lo importante que es para las personas no divertirse y la gente termina triste, falta de motivación y energía positiva. «El día a día impide vivir el día a día»; como resultado, todo aquello que debiera estar al servicio de lo que es importante que ocurra fagocita lo esencial. Los fundadores, los creadores, los visionarios van desapareciendo y «al final se pierde lo más bonito de los proyectos empresariales, que es su esencia y propósito, su auténtica razón de ser». Y eso a pesar de que ahora esté de moda hablar del propósito.

Hay mucha rigidez cuando, paradójicamente, las cosas son dinámicas. Hablando de modas, llevamos más de 15 años hablando del entorno VUCA y tan solo nos hemos quedado en el concepto. Muchos de estos conceptos para Marta Prieto vienen de Estados Unidos. A nosotros nos llegan muchos años después y nos creemos que estamos en la vanguardia porque hablamos de ellos, pero la realidad es otra.

«Lo que pasa es que la gente se lo cree demasiado, se pierde en las ramas y deja de ver el norte. Hay una competencia por nuestra atención». La gente no se para a reflexionar y el hacer, hacer, hacer sin sentido, nos lleva a la locura colectiva, un ambiente que sin duda algunos estimulan pues les favorece.

* * *

Marta Prieto lleva 12 años dedicada a difundir valores con su empresa. «Pero me aburre hablar de conceptos; yo necesito valores en acción» me dice, y es que sabe que, de una forma pragmática, todo el mundo en algún momento de su vida se enfrenta a una línea roja que no debe cruzar.

Al final, de lo que tratan los valores es de tener un sentido íntegro de uno mismo, conocer qué estás haciendo y por qué. Reconoce que es muy difícil llevarlo adelante, pero asegura que, de lograrlo, se consigue alcanzar una vida plena. En el fondo, de lo que Marta habla es de ética y se apena de que a la gente joven no se le inculque la importancia que tienen los valores. «El mundo es demasiado pragmático. El pragmatismo está bien, pero, al final, como no le pongas freno, vamos todos de cabeza. La mayoría de cosas importantes en la vida, como el arte o la espiritualidad, no tienen necesariamente una utilidad práctica, son un fin en sí mismas». Los fundamentos de cultura que durante tantos años nos han acompañado y que dieron buenos frutos se están descuidando, lo que nos hace ir hacia el abismo.

* * *

Las dos coincidimos en que las organizaciones deberían incorporar el *coaching* a su articulación, pero bien entendido. No solo desde dentro, algo cada vez más aceptado en los departamentos de Recursos Humanos o de gestión de personas, que es como ahora se denominan, sino también desde fuera. Si los procesos se realizan siempre desde el interior la visión se convierte en endogámica, se retroalimenta el mismo discurso y, lo que es peor, el mismo pensamiento, un peligroso pensamiento único.

«El *coaching* me parece fundamental por su capacidad de inspirar y ayudar a las personas a crecer y desarrollar su potencial». Pero reconoce que hay una parte que no le gusta. Al haberse convertido en un negocio han proliferado certificaciones que en realidad no capacitan en su totalidad para ejercer como *coach*. Más allá de poseer una metodología, se necesita un grado superior de sabiduría, de temperamento, de calma personal. Y es que las escuelas de *coaching* son fantásticas para que la gente aprenda a autoliderarse, pero son pocas las que crean verdaderos profesionales, porque ejercer como *coach* supone un alto grado de responsabilidad y autogestión del que no todo el mundo dispone. «Pero, bueno, mejor eso que nada, porque el que en el aire haya esas reflexiones y ese interés por el desarrollo personal, y que la gente se preocupe, bienvenido sea». Y aquí aflora de manera natural ese positivismo que Marta Prieto atesora. Como en todo, pero especialmente en las materias delicadas, hay una diferencia enorme entre el que es bueno y el mediocre. «Desafortunadamente la mediocridad abunda en todo, pero es que esto, además, es materia delicada; se necesitan *coaches* buenos y no vale cualquiera».

Mientras hablábamos sobre ejercer la profesión de *coach*, Marta pensaba en el paralelismo que existe con escribir un libro. A menudo le llegan personas con manuscritos que no aportan nada nuevo, sino que se adjudican o repiensan lo que otros ya han escrito. Su respuesta es rotunda: «Escribir un libro no es que tú me cuentes todo lo que has aprendido. Eso es algo que tú te llevas puesto, pero no significa que se tenga que publicar». En el *coaching* es igual. Se necesita alcanzar un nivel superior, tener vocación y las cualidades personales y capacitaciones profesionales necesarias.

* * *

«Un día sin montar es un día perdido» es la frase con la que empezamos a hablar de caballos, su gran pasión. Caballos para trabajar el desarrollo personal y acrecentar competencias directivas.

Lo primero que hay que entender es que «si tú no estás bien, la sesión de equitación es un desastre». Se necesita autocontrol, pero también hay que ser valiente, y si te caes, levantarte y volverte a montar. La capacidad de recuperación y de enfrentarse al miedo es válida para muchos ámbitos de la vida. En su libro, *Simple-Mente un caballo*, lo recoge muy bien. No se trata de argumentos o de experiencia; la relación con un caballo se realiza por vía directa. Los jóvenes y los niños lo entienden mucho mejor que los mayores porque no consiste meramente en aprender una técnica sino de comprender y desarrollar una sintonía sutil con otro ser vivo. La relación de Marta con los caballos viene de muy lejos y por eso se certificó como *horse coach*.

«El caballo es un espejo emocional. Refleja tu verdadero yo y tienes que gestionar y controlar tus instintos. Es increíble porque supone un aprendizaje continuo». Me plantea que, en ocasiones, la relación con el caballo no fluye y se entra en un bucle complicado que no se resuelve hasta que se toma distancia, se asumen las perturbaciones y se superan. Parece magia, pero asegura que los caballos son casi capaces de leer el pensamiento. Cuando se trabaja con caballos de diferente carácter, temperamento y edad se aprende a ser polivalente, también en el terreno personal. «Los caballos siempre te ponen en tu sitio. Crees que ya dominas la situación, y de pronto uno te da una gran lección de humildad, dejándote claro cuál es tu lugar». Humildad ¡qué gran cualidad!

«La templanza, el control de uno mismo, es una actitud vital, fundamental para todo». Para Marta Prieto es dominar las emociones y el carácter, algo que también proporciona el trato con caballos. Se nota cuando conversas con ella en su forma de hablar, en su postura corporal, en el tono de su voz…

* * *

Las personas somos creativas por naturaleza. Nacemos creativos, pero «a los niños, desde bien pequeños, se les mata la creatividad». Otra de las habilidades de Marta es que es formadora de creatividad y de *mindfulness*, una disciplina en la que cuanto más ahonda, más le gusta. En ocasiones le han pedido que realizara cursos de *mindfulness* para niños, pero se niega. «A los niños hay que dejarles en paz, se tienen que aburrir para que inventen ellos sus cosas». El experimento comenzó con sus propios hijos y su decisión fue llevarlos pronto a la naturaleza. «A los niños los abrumamos con actividades extraescolares cuando lo que necesitan son cosas sencillas de la vida, darles espacio para que descubran su propio potencial». Tanta disciplina y quehaceres «te van encarcelando y cada vez es todo más cuadriculado, más rígido y empobrecedor». Los propios gurús de la tecnología restringen su uso excesivo en sus propios hijos (en el caso de Marta, cuatro) y esta no es una afirmación baladí. Existen estudios, como el de Tony Wagner (ella se trajo su magnífico libro de Harvard, *Creando innovadores*, Kolima 2011) que hablan de cómo conservar la creatividad, y la decisión de reducir hasta casi eliminar la tecnología a edades tempranas aparece casi en primer lugar.

«Otra forma de desarrollar la creatividad es que te tienes que exponer al mayor ámbito posible de cosas». Y ella es un buen ejemplo. Su mayor pasión eran las ciencias puras, pero acabó haciendo Derecho y Empresa y se considera humanista; y después de trabajar en diferentes sectores y formar parte de distintas empresas, acabó por ser editora. «Cuando van pasando los años has hecho muchas cosas y si no has dejado de formarte, entonces la creatividad surge sola porque tienes capacidad para cruzar ideas, conceptos y estímulos». Por eliminación también se aprende a reconocer aquello que no se quiere. «Al final, el equilibrio mental se refleja en la mirada, en la cara y en el físico».

Innovar es pensar continuamente soluciones nuevas y la tecnología es una buena herramienta, pero solo si se usa con buen criterio. «La tecnología es abrumadoramente atractiva y es lógico que deslumbre», pero necesita de reflexión para que sea útil para mejorar aquello que se desea mejorar, ya sea la empresa o la vida. Y hay que entender sus riesgos.

Hablando de riesgos, me comenta Marta: «El riesgo es una constante en la vida y a veces se nos olvida porque vivimos en un mundo de plástico». Es un factor que a veces puede incomodar. Queremos seguridad, nos asustan los cambios, pero hay que verlos como una oportunidad. La gente que cree que lo tiene todo controlado colapsa cuando le cortan la hierba bajo los pies. Hay que retarse, salir de la zona de confort para recuperar la creatividad, porque «la vida hay que vivirla como una aventura».

Que la vida de vez en cuando te cambie el pie puede ser fantástico si se toma con espíritu deportivo. «Vivimos una vida demasiado cómoda y estamos matando el verdadero impulso vital». Por un instante su ánimo decae, pero inmediatamente se recupera: «¡El riesgo es la caña!».

* * *

«La responsabilidad de cada uno es hacer todo lo que tiene que hacer» en la medida de su potencial y posibilidades, pero me cuenta que, en cierto modo, aunque le atrae el concepto de destino, «tienes muchas más posibilidades de estar en el momento oportuno para que te alcance la suerte cuando trabajas a fondo».

Desconocemos el límite de las personas y cree que siempre hay más de lo que podemos pensar. «Estar en un grupo de 'buenos' tira de ti y te espabila; por eso hay que dibujar la raya del límite hacia arriba. La sociedad necesita gente buena y potente». Hay que entender que cada uno tiene su velocidad, pero cuando formas parte de un equipo brillante, quizá por ósmosis, acabas por florecer.

«La exigencia siempre ha sido un motor de motivación»; por eso, cuando aparece el componente esfuerzo, la recompensa también debe aparecer. «El 'no puedo' es el principio del fin y la gente lo utiliza con alegría, consigo mismo, con los hijos… Es un gran error. A los niños hay que animarlos, decirles que pueden, que son buenos, para que sean capaces de superar cualquier bache».

* * *

A veces no es fácil conjugar los dos hemisferios cerebrales. Cabeza y corazón no siempre van de la mano. «Venimos de un mundo donde se potencia el hemisferio izquierdo, el pensamiento lógico, deductivo y racional, y el otro se olvida». Nos pasa como con la creatividad, que no le prestamos atención. Lo mismo que nos produce pudor tener sentimientos. Marta Prieto siempre fue una persona lógica y fueron precisamente los caballos los que le abrieron la puerta a ese otro tipo de inteligencia, la emocional, y, por supuesto, como no podía ser de otra forma, se puso manos a la obra para formarse en esta nueva área de conocimiento. «A veces hay que darle algo al cerebro para que comprenda, entre y se exponga a la experiencia», y es que al final de lo que nos nutrimos es de experiencias.

Hay que potenciar los dos hemisferios para entender la vida en todos los ámbitos y en toda su dimensión. Sin embargo, la estructura de la sociedad en la que nos movemos solo nos habla de planes de carrera profesional, de formación, de raciocinio y acabamos por crear desórdenes mentales. Desgraciadamente, todavía impera el reinado del hemisferio izquierdo.

Es cierto que gracias a autores como Goleman o Gardner y sus estudios sobre las diferentes inteligencias parece que va habiendo brotes verdes, pero queda mucho camino que recorrer. «En una ocasión realicé un proceso de *coaching* a un ingeniero. Los ingenieros suelen tener la mente muy rígida, muy compartimentada. Entró por la puerta tan cargado de hombros que le dije que teníamos dos opciones: o se apuntaba a clases de equitación o a baile. Todavía monta de vez en cuando». Existe un gran abanico de posibilidades para desarrollar el hemisferio derecho, entre ellas está la actividad física, pero es necesario hacerles un hueco en la agenda para que seamos capaces de llevarlas adelante.

Me contaba que acababa de leer una noticia sobre el rendimiento intelectual de los jóvenes y los problemas que actualmente tienen. Los niños de hoy en día ya no escriben a mano. Todo son pantallas, tocar, mirar… Aquellos dictados, las planas de caligrafía, las redacciones, tantas horas con el bolígrafo o el lápiz en la mano desarrollaban nuestro cerebro. Las generaciones anteriores lo hicimos (me incluyo) y para mí sigue siendo un placer tomarme tiempo para escribir con pluma estilográfica. Marta ha optado por volver a hacer rompecabezas y ha descubierto que desarrolla su pensamiento estratégico.

Ahora está embarcada en conocer a fondo lo que se conoce como inteligencia corporal y en desarrollar formaciones para programar la inteligencia inconsciente, pero ya no quedaba tiempo para más, así que nos lo tendrá que contar en otra ocasión.

«SENTIMOS, PENSAMOS, HACEMOS»

KOLDO SARATXAGA CABEZAS

Sobre Koldo

Koldo Saratxaga es ingeniero técnico y posee dos MBA, por la Universidad de Deusto y por la Universidad Autónoma de Madrid.

Es conocido por ser impulsor de grandes éxitos empresariales como es el caso de Irizar Group, empresa de autobuses a la que se unió en 1991, cuando estaba al borde de la quiebra. Durante 14 años fue responsable de la transformación de esta organización por medio de un estilo de gestión inclusivo con el que consiguió conquistar la lealtad de todas las personas y, con ello, aumentar los ingresos de la compañía y multiplicar por 30 la plantilla, alcanzando cuatro continentes. Harvard Business School se hizo eco de este rotundo éxito de transformación organizacional y lo convirtió en caso de estudio.

En el año 2005 funda su propia organización, K2K Emocionando (ahora denominada NER by K2K), para ayudar a evolucionar a otras organizaciones que se han quedado ancladas en modelos clásicos de gestión, muy jerarquizados, y convertirlas en verdaderos equipos de personas volcadas en un proyecto común, a través del Nuevo Estilo de Relaciones (NER). Este Nuevo Estilo de Relaciones, referente ya a nivel internacional, ha sido implementado en más de 100 organizaciones de diversa índole a lo largo de más de 30 años, tanto en el País Vasco, como en España y en el ámbito internacional.

Una buena parte de estas organizaciones participan en Ner Group, una asociación impulsada por él mismo, en la que casi 30 organizaciones empresariales, con presencia en 60 países de todo el mundo, comparten experiencias, sinergias y conocimientos para avanzar, ser más eficientes y obtener mejores resultados.

Ha recibido numerosos premios a lo largo de su trayectoria profesional que avalan su gestión. Uno de los reconocimientos más recientes viene de la mano de Frédéric Laloux, referencia a nivel mundial en el ámbito del *management*, que incluye a Koldo Saratxaga y Ner Group como ejemplo de organizaciones que operan de una manera diferente y más evolucionada, denominadas «Organizaciones Teal». Al mismo tiempo pertenece a la famosa *Bucket List*, junto a Frédéric Laloux, Isaac Getz, Tom Peters o Richard Branson, entre otros, como uno de los líderes empresariales más progresistas e inspiradores del mundo en cuanto a forma de gestionar y liderar equipos.

https://www.nerbyk2k.com/

Cuatro preguntas en primera persona

¿Cuál es su definición personal del management?

Cuando escucho la palabra *management* la traduzco a gestión, a pura gestión, a querer conseguir cosas y a intentar conseguirlas en el menor espacio de tiempo posible.

Sin embargo, yo tengo un criterio absolutamente diferente. No me gusta la palabra gestión porque no me gusta que se 'gestione' a las personas, y por eso no me gusta que se les llame 'recursos humanos'. Se pueden gestionar algunas cosas, pero, cuando en gestión introducimos a las personas en el mismo saco que los recursos financieros, los informáticos o los tecnológicos para conseguir un fin, lo que veo detrás de la gestión es casi siempre economía, y no me gusta.

Me gusta el concepto de liderazgo más que el de *management*.

¿Cómo se define?

Hace unos meses, en la presentación de un panel en el que participaba, ponía que uno de mis compañeros era filósofo, otro teólogo, otro economista y en Koldo ponía ingeniero. Cuando a mí me presentan a una persona de 60 años y todo lo que me cuentan de ella es que es arquitecto, por ejemplo, pienso ¡qué pena! Sí, somos lo que la universidad dice que somos, pero en mi vida lo que creo que soy es un caminante. Mi vida es caminar, mi vida es la utopía, mi vida es la creatividad, mi vida es el color, mi vida es el silencio, mi vida es ser naturaleza…

Cuando con 17 años, y viniendo de un pueblo, me llevaron a ser ingeniero no sabía por qué. Me encontré allí y acabé la carrera, pero me costó muchísimo. Salí adelante y, de los 1.300 que éramos, acabamos ciento treinta. Luego me fui a hacer Económicas. Empecé a ver que no aprendía nada, que perdía muchísimo tiempo, que tenía que dejar a mis hijas, que corría riesgos en la carretera y, al segundo año, lo dejé. No me he arrepentido nunca de haberlo dejado. Lo curioso es que después me llamaban economista allí donde trabajaba y ahora sé de economía casi tanto como sé de personas.

Llevo toda la vida estudiando, sobre todo la psicología humana, y comprendiendo cosas, pero también disfruto con la cocina y tengo una huerta y una familia. ¿Quién soy? Pues soy Koldo, yo mismo.

Un personaje, real o ficticio, que haya influido de manera notable en usted

Esta pregunta ya me la han hecho más veces y yo diría que no hay ninguna persona, pero sí culturas.

Tengo muy buen recuerdo de mi infancia. Mi genética no me crea problemas y mis ancestros tampoco, pero me parece que ahora la sociedad, sobre todo las personas de una cierta edad, están muy pilladas por sus creencias y ancestros.

Sin embargo, tengo dos recuerdos. Ahora tengo miles de libros, pero en mi casa, cuando era pequeño, no había un solo libro. Cuando en alguna película aparecía un rico que tenía una gran biblioteca y yo veía a su nieto jugando por allí, recuerdo que siempre fantaseaba con ser ese niño y tener acceso a aquella gran biblioteca. Lo que no quiere decir que estuviera en desacuerdo con mi familia, pero esto se quedó como un recuerdo y como una necesidad de conocer.

Cuando tenía 30 años, un amigo médico (y digo lo de médico porque tenía valores) me regaló un libro de Krishnamurti. De eso hace ya 45 años y ese libro amarillo todavía da vueltas por ahí. Ahora me gusta regalar libros suyos. Ese libro encendió mi sensibilidad por el mundo oriental, y la India es un país que me apasiona por su sencillez.

¿Algún nombre? Podría decir Indira Gandhi, Mandela y poco más.

Tres recomendaciones: un libro, una película y un lugar que visitar que tengan un significado especial para usted

Con 37 o 38 años leí *Siddharta* (Hermann Hesse, 1922), que está entre los diez libros más vendidos de la historia y que todavía, hoy mismo, lo tengo aquí y se lo he recomendado a miles de personas. Estoy muy influenciado por la sencillez que creo que tiene que ver con *Siddharta*. Mi vida ha sido una vida de descubrimientos. No creo en la suerte, creo en los talentos, en que tenemos una misión. No creo en la casualidad sino en la causalidad de poder desarrollar aquello para lo que he venido. Nunca he tenido la ambición de tener. En mi casa no había dinero y, como no ambicionaba tener, lo que he hecho ha sido caminar, y en ese caminar me he encontrado con la libertad, con la no religiosidad, con la familia, con la educación… He ido encontrando, pero nunca fui a buscar. Nunca he parado de caminar y sigo caminando.

Si tengo que elegir, una película que me gustó fue *Alguien voló sobre el nido del cuco* (Milos Forman, 1975). Me pareció muy bien interpretada y con un fondo fuerte, pero al mismo tiempo real, donde se mezclan el drama y la alegría.

En cuanto al lugar, hubiese dicho donde nací, pero ese lugar ya solo está en mi memoria. Nací en un lugar salvaje, en un caserío rodeado de grandes espacios y de animales a los que cuidaba, alejado del pueblo. Yo viví allí mis primeros años como un salvaje y tengo grandísimos recuerdos de vivir en ese sitio, en ese caserío y en ese entorno. Marché a los 17 años y cuando un día, hablando con mi padre y mi hermano, me contaron que en aquel lugar habían construido unas casas, nunca más volví. Nunca he llevado a mis hijas porque no puedo enseñarles aquel lugar en el que viví en plena naturaleza como un salvaje, porque el único lugar donde continúa existiendo es en mi interior.

Hoy no tengo un lugar, tengo un mundo, y no estoy teorizando. Vivo casi en el monte en una casa que casi toda la he hecho yo con mis manos, y sigo en la tarea. Me entusiasma todo lo que sea naturaleza, me siento naturaleza. Pienso en los amigos, en mis hijas y en mis nietos como diferentes personas de este entorno. He dado ese paso, no de admirar, sino de mirar desde dentro. Nací en un mundo salvaje y ahora soy parte de ese mundo salvaje en el que creo totalmente.

Conversando sobre su pensamiento

Sabía que era un tema que le iba a tocar en lo más hondo del corazón, así que, para empezar nuestra conversación lancé la primera pregunta: ¿las normas estrictas ahogan a las organizaciones? «Totalmente. Desde que era un crío y empecé en el mundo de las empresas, era de los que decían públicamente que no creía en los procesos ni en los procedimientos. Me decían que estaba loco. No creo en la hoja de ruta de las organizaciones porque ahí no necesitamos ni la imaginación ni el conocimiento; lo único que necesitamos es ser repetitivos y obedientes y aportar un quehacer cotidiano. Creo en la organización en la que estoy, en la que nos definimos como 'Sentimos. Pensamos. Hacemos', y hablo siempre desde mis tripas, porque es mi sentir».

En la gestión hay que introducir el sentir y el pensar, aunque dice Koldo que sentir no sentimos casi nadie porque nos han enseñado que los sentimientos tienen que permanecer dentro. Piensa que, desde ese punto de vista, cortamos la imaginación, la riqueza humana, los talentos y habilidades que todos tenemos, y que eso en el sistema imperante encaja muy bien, porque no se quieren personas que piensen y decidan, sino una gran mayoría que solamente obedezca.

«Yo soy anti-procesos y anti-procedimientos, aunque eso no quiera decir que no haya nada que sigamos. Lo que siempre digo es que podemos hacer todos los procesos y procedimientos que queramos, siempre que participen y decidan todas las personas afectadas por los mismos». Son lo que Saratxaga llama 'procesos compartidos'. «Se puede decir qué es lo que tenemos que hacer, pero lo tienen que decidir aquellos que van a ser realmente los jugadores del partido. Para otra cosa están las máquinas. Creo en la creatividad del ser humano, en sus capacidades y en el potencial que tiene. No quiero gente simplemente obediente».

* * *

Hoy en día casi todo el mundo acepta que las personas tienen que estar en el centro de cualquier actividad, pero, aunque se acepta, no todas las organizaciones lo cumplen.

«Creo que el inventor en este país de la palabra 'persona' soy yo. Lo digo claramente. Inventé el término 'persona' aquí porque, cuando empecé a ir a los sitios con treinta y pocos años a dar charlas y hablaba de las personas, se mofaban. Todavía hoy entre el 70 y el 80 % de las empresas hablan de recursos humanos y yo llevo 40 años diciendo que es una salvajada tratar a las personas como un recurso, como los financieros o los tecnológicos. Si miras la contabilidad de una empresa habla del resultado de la explotación y, si miras los términos, habla de obrero y de mano de obra. Hace más de 40 años que los eliminé de mi vocabulario y donde nosotros estamos no existe la mano de obra; existen los trabajadores, existen personas con distintas responsabilidades. Ya es hora de que efectivamente la persona esté en el centro y que se utilice como un término normal».

Continúa diciendo que quien debería empezar a entender esto con una cierta urgencia es el propio Gobierno, que no necesita personas que piensen, capaces de crear, porque les surgiría un gran problema, y es que, entonces, el poder se caería.

Ese es el paso que habría que dar, el que dan ellos, que llevan 40 años creando organizaciones horizontales, donde la autogestión realmente forma parte del día a día. «Las personas somos infinitas. Yo nací con el don de creer en la libertad y que la libertad de los demás pasa por que cada uno crea en sí mimo. Lo he hecho inconscientemente y he empezado a comprenderlo hace tan solo cinco o seis años». En Irizar estuvo catorce años y la empresa llegó a ser la número uno de Europa. En cada sitio que se presentaban sorprendían y triunfaban. «Éramos una cuadrilla de chavales de la Guipúzcoa profunda, simplemente libres, autogestionados. Sabíamos de economía, de mercados, pero, sobre todo, sabíamos hacia dónde queríamos ir».

Koldo Saratxaga ha dedicado siempre el 90 % de su tiempo a dialogar con las personas. Nunca dispuso de un despacho, pero sí contaba con una sala para atender a todo aquel que quisiera hablar con él. Cuando viajaba rara vez recibía una llamada y nunca encontraba un papel sobre la mesa al volver porque su gente sabía que no le gustaba, que debían resolver los problemas y no aparcarlos a la espera de que otro encontrara la solución. «Eso es creer en las personas: dejar que ellos sean los actores, que compartan el éxito y que sientan el orgullo de haber recogido la cosecha, porque fueron ellos los que sembraron y cuidaron la tierra». Dice Koldo que lo importante no es pensar en la cosecha sino pensar en la siembra, y que es precisamente en esto en lo que fallan las organizaciones.

«Odio la palabra control». A su entender en esto radica la diferencia entre un gestor y un líder. El líder está cerca, pero no decide, simplemente deja que las personas avancen, y está convencido de que absolutamente todos podemos ser líderes.

Me cuenta que en los últimos años ha descubierto el verdadero significado de la palabra entusiasmo. «Cuando estás entusiasmado estás en un estado de permanente creatividad e irradias energía. Hay que dejar que las personas lleguen a su entusiasmo, y este solo les llega si tienen libertad para poder decidir y forman parte de algo. Las personas viven el presente cuando son dueñas de ese presente, cuando son libres para hacer lo que están haciendo, sin controles, cuando si quieren saber algo es porque el grupo analiza lo que le interesa saber, ¿qué hacemos, cómo lo hacemos y cómo mejoramos?, sin nadie que los controle. A las organizaciones les produce pánico la transparencia y la pérdida de poder». Estos son los motivos por los que Saratxaga cree que en las organizaciones no avanza el tema de las libertades y la autogestión. Por un lado, cree que los empresarios están en permanente guerra en sus organizaciones y no entienden que tengan que enseñar todo lo que consideran suyo. «Todo el mundo piensa que existen personas en su entorno que les amargan la vida y, cuando hablas de transparencia, incluso se ponen furiosos. Nosotros somos 100 % transparentes y nunca hemos tenido un problema porque alguien haya hecho un mal uso de la transparencia, y eso que somos miles de personas repartidas en cuatro continentes». En cuanto al poder, piensa que es la mayor trampa a la que se enfrenta el ser humano, muy por encima del dinero o el sexo.

* * *

Koldo Saratxaga ha dejado claro en la conversación que las personas y su libertad son su principal preocupación. Le comento que personalmente me preocupa el hecho de que la gran mayoría de la gente parece que ha dejado de vivir para retransmitir la vida en las redes sociales y que no entiendo el éxito de los llamados *influencers*. Me cuenta que hace ya cinco años que no dedica ni un segundo de su vida a escuchar la radio, a ver la televisión o a leer un periódico porque «las noticias que ayer eran actualidad hoy ya son viejas. ¿De qué sirve conocer todo eso que te cuentan si no puedes influir en ello? Como dicen los estoicos, 'dedícate a aquello que tú puedes cambiar y mejorar, el resto no merece la pena'».

«Cada vez que una persona evoluciona, la humanidad evoluciona. No se trata de cambiar a miles de personas, sino que hay que conseguir personas que crean en sí mismas y que sientan que están aportando». Koldo Saratxaga siente orgullo cuando alguien de cualquier organización le dice que ha evolucionado personalmente y que su vida ha cambiado, porque ese cambio tarde o temprano también llegará a la parte profesional.

«Nosotros no hablamos de empresas, hablamos de relaciones». Su libro *Un nuevo estilo de relaciones* está enfocado a la organización, pero desde las relaciones humanas: cómo nos relacionamos, cómo nos comprendemos, cómo compartimos, cómo nos ponemos retos comunes, cómo disfrutamos de aquello que logramos, cómo lo repartimos… En todas las organizaciones a las que Koldo está vinculado se reparte el 30 % de los beneficios desde hace ya 15 años. Por principio no se despide a nadie, aunque haya que superar las crisis más cruentas, como las que hemos vivido, en las que, mientras otros echaban el cierre, en aquellas en las que él participaba se pagaban los salarios como si se estuviera trabajando. «No podía ser de otra manera. Somos un proyecto basado en las personas y como ese es nuestro tótem, no lo podemos traicionar. Lo curioso es que esas empresas son hoy las mejores en sus países».

Otra de las ideas que defiende Koldo Saratxaga es que hay que compartir sin competir porque una persona puede dar poco hoy pero mucho mañana, y que lo que hay que hacer es aprender a conocer al otro. «Esto es una cosa que te da la vida. Las personas somos todas diferentes y cada día distintos». El que ayer estaba sonriente, hoy puede estar triste, pero podría ser que no estuviera triste y que sea tu percepción la que ha cambiado porque también tú eres diferente al de ayer. «Si en este mundo caminas comprendiendo, entendiendo desde el interior que no hay dos personas ni dos días iguales, vivirás mejor, con tu pareja, con tus hijos, con tu familia, con tus compañeros…».

«Si quitáramos del mundo humano la comparación, la felicidad daría un gran salto. Pero para eso hay que entender que eres único y que los demás también lo son». Dice Koldo que los padres deberían enseñar a sus hijos que son únicos y que no deben compararse con nadie. «Repite a tu hijo mil veces que es una joya, que es una obra de arte única y que los demás también lo son para que aprenda a respetarlos. Eso le traerá la felicidad». Se trata de que cada uno aporte lo que puede, mucho o poco, y el que más puede entienda que lo que tiene que hacer es agradecer esa fuerza que le ha dado la vida. «Si cada uno ponemos lo que podemos, pero en la misma dirección, vamos a triunfar siempre».

Por eso donde van Saratxaga y su gente triunfan, porque recogen todas las energías y las ponen a circular en una autopista muy ancha, compartiendo y conviviendo en un proyecto común. «Desde el respeto a la unicidad, que tiene que ver con la diversidad, se es capaz de liderar cualquier empresa».

«El bien y el mal no existen. Cada uno define qué es el bien y qué es el mal. Si lo llevamos a la parte emocional o a la intelectual, todas las comparaciones tienen que ver con nuestros archivos, nuestro pasado y nuestras creencias. Juzgamos y nos maltratamos con ello porque las comparaciones provocan que no estemos satisfechos con cómo somos». Y remató: «Yo soy único y tú eres única. Desde ahí nos respetamos y convivimos».

* * *

Koldo Saratxaga no es una persona antisistema pero sí lo critica porque entiende que se podría hacer mucho más, pero que los proyectos se quedan en papel mojado. Figura entre los cien personajes más innovadores del mundo porque es un modelo de cambio organizativo. Curiosamente, en nuestro país se le conoce como la persona que dice a todo que no, pero que luego sí hace. «Al final, lo que hago es lo que he creído, y como no he tenido ambiciones personales de tener, siempre me ha ido bien».

Las organizaciones NER que crea, basadas en un nuevo estilo de relaciones, tienen un profundo criterio social que acaba repercutiendo en la sociedad en la que actúan. «Creo que cuando tienes una buena idea lo que tienes que hacer es tirar para adelante, porque una idea es para toda la vida, ya sea personalmente o en una empresa. Quizá no puedas amortizar tu inversión en dos años y sea en diez, pero será para toda la vida. Las decisiones importantes no son si compro una máquina o no; son cómo comparto, qué salarios existen, o cómo está la gente».

Cuando el equipo de Koldo entra para hacer un análisis y emitir un diagnóstico para ayudar al cambio en una organización, antes de firmar con la propiedad el acuerdo de colaboración, solicitan la aceptación de la asamblea. «Necesitamos que todo el mundo nos diga que está de acuerdo, que les gusta lo que planteamos» porque entienden que el acuerdo no se firma con la propiedad, sino con la propiedad y las personas, y es por estas últimas por dónde empiezan a trabajar, hablando con todas y cada una de ellas para conocer a fondo qué es necesario cambiar.

Mantiene Saratxaga que las organizaciones que triunfan son aquellas en las que existe el diálogo y cuentan con objetivos comunes. «Se está avanzando, sin ninguna duda, pero muy lentamente. Nosotros lo notamos, pero la mayoría de las empresas aún son jerárquicas, con objetivos y beneficios fijados, de tal manera que, cuando las cosas vienen mal, lo primero que hacen en echar a la gente para equilibrar la cuenta de resultados».

Hace ya muchos años que Koldo cerró la puerta al despido, y no es que no se contemple la posibilidad, es que no existe. Sus organizaciones han pasado por las mismas crisis que el resto, con cierres temporales y bajadas de actividad del 60 o del 70 %, pero nunca despidieron a nadie. «La capacidad del ser humano para sobrevivir es tremenda. Cuando llegan los problemas los ponemos encima de la mesa y decidimos juntos. Eso es una gozada. Entonces surgen la imaginación y las respuestas y, más tarde, el orgullo de haber sabido pasar esa crisis y seguir juntos, y eso nos refuerza».

«EL LÍDER QUE CREA LÍDERES»

JUAN
FERRER
CÁRDENES

Sobre Juan

Juan Ferrer Cárdenes es consultor y conferenciante, especializado en la gestión del cambio en empresas y Administraciones públicas, ya sea por procesos de digitalización, transformación cultural o rediseño organizativo. Forma, asesora y acompaña a las organizaciones hasta la consecución de los objetivos fijados.

Formado en liderazgo y en la creación de organizaciones de alta velocidad en la Harvard Kennedy School y en el MIT (Instituto Tecnológico de Massachusetts), su trabajo es asesorar, motivar e implicar a todas las personas en los procesos de innovación, cambio, evolución y mejora continua. Es, además, licenciado en Ciencias Económicas y Empresariales por la Universidad Complutense de Madrid.

En el desempeño de su labor como consultor, formador y conferenciante, ha trabajado para empresas como Banco Santander, Enagás, Arval, Barceló Hotels, H-10 Hotels, Disa Corporación Petrolífera, Fiba Europe, Campofrío, Ikea, Domingo Alonso, Hiperdino, entre otras.

Ha publicado cinco libros, entre ellos Gestión del Cambio (LID Editorial, 2014) y Cambiemos las organizaciones (Gestión 2000, 2018).

Actualmente desarrolla su actividad profesional como conferenciante, consultor y formador entre España y Latinoamérica.

https://juanferrer.es/

Cuatro preguntas en primera persona

¿Cuál es su definición personal del management?

Considero que el buen *management* es la capacidad para gestionar una organización logrando resultados positivos a través del desarrollo de las competencias humanas y profesionales de las personas.

Me refiero al buen *management* porque, como en casi todo, lo hay bueno y malo. Existen directivos que han conseguido resultados, pero, si prestamos atención, nos daremos cuenta de que las personas les importan poco. Era el caso de Steve Jobs, por ejemplo. Por eso diferencio entre ser gestor de recursos (consigue resultados), gestor de personas (logra comprometerlas y motivarlas), y ser líder, que supone impulsar cambios. Sin cambios, no hay liderazgo; hay gestión.

Si preguntáramos a cincuenta personas qué es liderazgo obtendríamos cincuenta opiniones diferentes, muchas de ellas contradictorias, lo que supone un enorme y gravísimo problema. Si cada una de las personas que integran una compañía tiene una opinión diferente de lo que es ser líder, entonces ¿quién es líder y quién no lo es?, y, sobre todo, ¿cómo formamos a los líderes, si cada uno tiene una visión diferente?

Después de investigar e hilar muy fino, tengo claro que hay que distinguir «qué» es liderar del «cómo» se lidera, aunque este debe estar alineado con el primero.

En el «cómo» se lidera entran todas aquellas descripciones que la mayoría de las personas suelen aportar: inspirar, motivar, dirigir, exigir… Si todos esos «cómos» son para hacer lo mismo, sin cambios estaremos gestionando. Y es necesario. Pero la clave está en el «qué». Liderar es impulsar el cambio, hacer evolucionar el ecosistema, porque de otra forma lo que tendríamos es gestión, no liderazgo. En la actualidad, las empresas que son solo gestionadas, pero no lideradas, acaban por morir.

¿Cómo se define?

Considero que soy un impulsor y un acompañante del cambio porque, cuando hablas desde un escenario, es muy fácil decir lo que hay que hacer, pero con los años he aprendido que la gente necesita quien los ayude y no quien les predique. Para ayudar al cambio hay que trabajar en la transformación, y la transformación es formación más acompañamiento.

Me dolía y frustraba llegar a una empresa, formarlos en nuevas herramientas y conocimientos, y ver que transcurridos unos meses apenas había cambiado nada. ¿Por qué? Sencillamente porque el día a día les impedía cambiar el día a día. Entonces me preguntaba ¿es esto correcto? Siendo honesto, empecé a sentir que no estaba cumpliendo con el propósito de vida que yo mismo me había fijado y eso me dejaba un vacío emocional. Si el propósito es ayudar a evolucionar a las organizaciones y a las personas, toca mojarse, remangarse y acompañarlas en el proceso. Es muy fácil señalar la montaña o predicar lo que hay que hacer y cómo hacerlo, pero se las abandona para que ellas lo resuelvan por sí mismas. Y no pueden. El día a día es una fuerza que absorbe recursos, tiempo y emociones. Se necesita que alguien las acompañe, los rete, los escuche, los estimule y los ayude a evolucionar.

Dentro de nuestras obligaciones como profesionales está el investigar, para desde ese aprendizaje poder enriquecer a los directivos. Ellos no tienen tiempo debido a que están en lo táctico, en la respuesta inmediata. Ahí podemos inspirarlos. Pero también necesitan ese mentor, ese acompañante que los pare, cree espacios de escucha, reflexión e innovación y a la vez rete, acompañe y exija el cumplimiento de los compromisos.

Un personaje, real o ficticio, que haya influido de manera notable en usted

Quizá suene a recurrente, pero me influyó de gran manera Nelson Mandela. A medida que profundizaba en su historia, descubría lo que para mí es el liderazgo de verdad: unir y crear futuro. Y no al revés (dividir y recurrir al pasado para generar conflicto), como es lo normal en la política actual. En él vi plasmado un gran liderazgo a través de su humanidad, su fuerza y la sabiduría para saber cómo hacerlo. Una de sus mayores aportaciones fue que me ayudó a conocer el liderazgo desde atrás. Un líder crea líderes, y de ahí que mi trabajo se enfoque en crear líderes en tres dimensiones. La primera es que cada persona tiene que liderarse a sí misma. Ese es el primer objetivo, porque si no te lideras a ti mismo difícilmente crecerás como persona que además dirige personas. La segunda es liderar dejando liderar, evolucionar de ser quien tiene todas las soluciones a ser un facilitador (*servant-leader*) de la inteligencia colectiva. Y la tercera, ser un creador de líderes. Es así cómo podremos abordar el cambio continuo que nos exige esta realidad que nos ha tocado vivir.

Pero también me influyó de gran manera un seminario que realicé en la Harvard Kennedy School con Ronald Heifetz que, sencillamente, sacudió todo mi previo conocimiento. Estuve seis meses totalmente desorientado porque supuso un cambio de paradigma. Muchas veces, cuando te desordenan todo, necesitas un tiempo para establecer nuevos cimientos. Me avisaron de que tardaría unos seis o siete meses en entenderlo. Así fue, pues suponía un cambio de paradigma brutal. Descolocaron todas las creencias que en cuanto a *management* tenía, y me ordenó y simplificó lo que hoy en día comparto en las organizaciones con las que trabajo.

Tres recomendaciones: un libro, una película y un lugar que visitar que tengan un significado especial para usted

El libro: *El legado de Mandela*, de Richard Stengel (2009), porque refleja el liderazgo, no desde un punto de vista teórico, sino desde la propia vivencia de sufrir las consecuencias de un encierro durante años. Mezcla estrategia con principios, pero, sobre todo, tiene un espíritu humanista que realmente simboliza lo que considero que debe ser un líder: un creador de futuro uniendo a las personas.

La película: *El guerrero pacífico*, dirigida por Víctor Salva (2006). Esta película refleja lo poco que vivimos en el presente para, en primer lugar, poder explotar nuestros talentos y, en segundo lugar, para ser felices. Estamos constantemente viajando en el tiempo, con un pasado para recordar sufrimientos o echar de menos, y con un futuro que la mayoría de las veces nos produce ansiedad, pero, sobre todo, que es irreal. La película tiene frases memorables. Invita a quien la vea a pensar en si es líder de uno mismo, si está mirando hacia fuera sin mirar primero hacia dentro.

Un lugar: las cataratas de Iguazú. Es una de las mayores experiencias vivenciales y a la vez visuales que se pueden experimentar. Verse debajo de estas cataratas y sentir la inmensidad y la fuerza de la Naturaleza…

Conversando sobre su pensamiento

El primer concepto que quedó sobre la mesa nada más comenzar a hablar fue el significado de ese «liderazgo adaptativo» que había venido a sacudir los cimientos de sus creencias. Cuando se produce una situación de conflicto aparecen dos tipos de problemas, que generalmente llegan fusionados. Por un lado, el técnico y, por otro, el adaptativo. A veces las organizaciones olvidan que tras los cambios técnicos deben prestar atención a los cambios culturales que generan. Lo acabamos de vivir. No se trataba solo de las cuestiones técnicas para que el teletrabajo fuera efectivo, sino también de la adaptación de las organizaciones y de los individuos a esa nueva forma de trabajar. Y esta adaptación requiere de un liderazgo que facilite la transformación.

El líder actual no puede anclarse en ofrecer respuestas, sino en plantear cuestiones que solo hallarán solución mediante el uso de la inteligencia colectiva y en su implementación a través del liderazgo colectivo. Y aquí es donde Juan Ferrer encuentra otra nueva definición para sí mismo: soy un facilitador de la inteligencia colectiva y un impulsor del liderazgo colectivo.

Está demostrado que cuando se conectan todas las neuronas de un grupo de personas, bajo una serie de reglas, se obtienen soluciones mucho más inteligentes de las que puede aportar un solo individuo en solitario. El problema de las organizaciones es que, generalmente, las diferentes capas no están bien comunicadas: «Los de arriba no escuchan a los de abajo y los de abajo no entienden a los de arriba». Sin embargo, en la mayoría de las ocasiones las respuestas ya existen y tan solo se trata de formular las preguntas adecuadas a los equipos para encontrar la mejor solución a los problemas. Esta es la inteligencia colectiva hacia la que las organizaciones deberían evolucionar. Y es que «se llega más lejos haciendo preguntas que ofreciendo respuestas», ofreciendo espacios para la escucha y recursos para poder hacerlo a los que mejor conocen los problemas, que no siempre son los directivos.

* * *

A la hora de encontrar el modelo organizativo más adecuado para ser rápidos y ágiles, no existe un modelo de negocio mejor que otro, sino que depende de tres variables: metodologías, arquitectura y cultura. Y es con estas variables donde cada organización debe fabricar su propio modelo. «Queremos copiar lo que funcionó en Spotify sin ser Spotify. Lo que hay que tener es la ambición, la curiosidad y la persistencia necesarias para encontrar tu mejor modelo de organización». Inspirarse en otros y conocer lo que aportan es bueno para, a continuación, trabajar en lo que cada uno es. Después de investigar, Juan ha encontrado cuatro causas que provocan la gran mayoría de problemas en cualquier organización. La primera es la falta de comunicación, que genera una cantidad ingente de conflictos: rumorología, falta de reconocimiento, errores, repetición de tareas, etcétera. La segunda es la participación. Queremos conseguir el compromiso de las personas, pero eso solo se consigue dejándoles participar, unas veces en el qué y otras en el cómo. La tercera es el seguimiento. «Las tres claves del éxito son: seguimiento, seguimiento y seguimiento» afirma Juan Ferrer. Y la cuarta es la falta de una cultura de mejora continua. Solemos preocuparnos de mejorar solo cuando entramos en crisis. No existe una cultura «kaizen» de mejora continua. Una organización tiene que estar mirándose al espejo constantemente para evolucionar. Me cuenta una práctica habitual en su trabajo: «Con frecuencia paro a los equipos y les pregunto: '¿Qué hay que mejorar este mes?'. Siempre surge alguien que tiene la iniciativa de plantear propuestas. Y es ahí cuando creamos equipos en los hago que rote la coordinación para de esa forma hacer que todos tengan oportunidad de sentirse líderes. Así es como activamos la inteligencia, la responsabilidad y el liderazgo colectivo».

Esta segunda década del siglo XXI nos está convirtiendo en protagonistas forzosos de la historia con todo lo que estamos viviendo. Le pregunto si este modelo del que me habla va a seguir siendo útil con independencia de las transformaciones que sufrimos y de lo que el futuro nos depare y su respuesta me aclara muchas dudas: «Para sobrevivir en un mundo tan salvajemente cambiante tienes que tener cuatro características. Muy rápido, primero para tomar decisiones y, segundo, para ejecutarlas. Muy ágil, para imprimir velocidad de ejecución en el cambio. Reactivo, más que adaptable. La famosa frase de Darwin donde las especies que sobrevivirán no son las más inteligentes sino las que mejor se adapten al cambio está obsoleta. Si solo te adaptas, para cuando quieras hacerlo la competencia te habrá quitado todos tus clientes. Se necesita ser más bien reactivo, o bien innovador y ser quien lidere el cambio. Y, por último, anti frágil. Este concepto, acuñado por Nassim Taleb, autor de *El cisne negro*, nos cuenta que no se trata de ser solo resiliente y recuperarse, sino que hay que aprovechar los golpes para ser mejor».

* * *

Empezamos a hablar de éxito y tengo que reconocer que cambió completamente mi paradigma. «El éxito es alcanzar aquello que te has propuesto». Y es cierto; para unos puede ser conseguir reconocimiento social, para otros la riqueza, para otros el anonimato, llegar a la cumbre profesional o permanecer en un puesto estable que no produzca complicaciones. «El éxito no existe como concepto general sino como concepto individual» que tiene que ver mucho con la felicidad.

Derivo la pregunta hacia cómo gestionar el cambio para que se considere un éxito, porque normalmente supone innumerables problemas y hay que saber cómo administrarlos para no desfallecer y sentir que se va por el camino correcto. «En un proceso de cambio bien diseñado he podido diferenciar hasta nueve etapas. La gran mayoría de ellas se deben ejecutar antes de empezar el cambio, pues permite afrontar con qué nos vamos a enfrentar y de ahí preparar la estrategia adecuada. Desde la diagnosis de las posibles resistencias, hasta los propios estilos de liderazgo y la cultura existente en la organización. Pero el gran reto es cómo hacer que la gente se comprometa en su implementación. Imposición genera resistencia. Participación genera implicación. Debemos crear mecanismos y procesos de escucha y participación para lograr esa inteligencia colectiva que comentábamos, así como el compromiso desde el entendimiento. Aunque en ocasiones, es cierto, la urgencia impone otro ritmo, pero incluso ahí, si se explica bien es entendible y por tanto aceptada».

La siguiente etapa es indagar sobre cómo vencer la resistencia natural al cambio que todos tenemos. Juan Ferrer aboga por desmontar la resistencia al cambio antes de empezar, en lugar de vencerla una vez iniciada. Y la clave está en hacer partícipes del cambio a los implicados. Deben formar parte, ser escuchados, y con ello se logra no solo el compromiso, sino desactivar la oposición al cambio, pues sus egos y razones han sido escuchados, siempre y cuando haya una ganancia o al menos entiendan las pérdidas. «Hay una fórmula secreta: cambio es igual a necesidad menos resistencia». En cuanto a la necesidad viene marcada por tres posibles causas: peligro, tomar conciencia o soñar con el futuro. El peligro hace que aflore la urgencia; lo vimos con la pandemia. Las empresas llevaban años preparándose para la digitalización y en una semana fueron capaces de poner en marcha una parte de ella, venciendo la resistencia en cuestión de instantes. Tomar conciencia mirándose al espejo genera que se descubran aquellos aspectos que necesitan de un cambio. Y soñar con el futuro tiene la fuerza de los sueños, de lo imposible y de la inspiración.

La resistencia al cambio se desactiva resolviendo las cuatro preguntas que todos (incluso las organizaciones como ente propio) nos planteamos en el subconsciente. Primera: ¿qué voy a ganar con el cambio? Porque si no se va a ganar en dicho cambio, no es que haya resistencia al cambio, sino que hay resistencia a ese cambio en concreto, donde no hay ninguna ganancia. Segunda: ¿cuánto me va a costar el cambio? Si el coste es superior a la ganancia, entonces surgirá la resistencia. Es una negociación con nosotros mismos, donde salimos perdedores. Tercera: ¿qué quiero mantener en el cambio? En dicho proceso, tal vez la resistencia venga únicamente por unos pocos elementos que se quieran mantener. Debemos reconocerlos y ver qué hacer con ellos. Cuarta: ¿qué sucede si no cambio? Si desechar el cambio no acarrea consecuencias negativas, se generará la sensación de impunidad y nada habrá que mueva a la acción.

Por lo general «la gente no tiene resistencia al cambio, sino más bien al cambio que se le quiere imponer o en cuya propuesta no ha participado». Las personas que se sienten partícipes, respetadas y escuchadas normalmente ponen mucho más de su parte en los cambios. Incluso pueden llegar a hacer pequeños sacrificios por el bien común, aunque no ganen nada. «Deja que otros se sientan protagonistas del cambio y te ayudarán».

Todos nos sometemos a cambios constantes y lo que hacemos es un estudio coste-beneficio. Aquí es donde las empresas en su mayoría fracasan, porque no hacen un diagnóstico previo de la resistencias que puede haber en cada individuo, y por tanto no se genera una estrategia para desactivarla antes de empezar.

Tras la resistencia llegamos al cambio real. A menudo nos encontramos con organizaciones que, tratando de cumplir con los estándares que ahora están tan de moda, solo cambian en apariencia, incluso utilizando palabras sofisticadas, pero sin llegar a una transformación real. En la implantación de una cultura *agile* no se trata de cambiar las etiquetas. Si detrás de ellas no hay una forma diferente de trabajar, con nuevas responsabilidades, no existe un cambio real. «Creo que las empresas están cansadas de escuchar nuevos conceptos a la hora de elegir una formación. Necesitan que alguien se los baje a tierra, los haga prácticos y con efectos transformadores. Por lo tanto hay que empezar preguntándonos: ¿qué quieres cambiar?, ¿cómo medimos ese cambio?, ¿cómo medimos su éxito? Y después ponerse a trabajar. Si en el seguimiento que hay que realizar se descubre que las cosas no están cambiando habrá que parar y volver a empezar». Cuando se contrata a un profesional para gestionar el cambio «las empresas tienen que exigir metodología, métricas de éxito y revisión regular».

* * *

Al pasar al siguiente tema, salir de la zona de confort, Juan Ferrer me para lanzarme un reto. «¿Qué significa confort? Estar a gusto. Si estoy a gusto, ¿para qué voy a salir de mi zona de confort? Una cosa es la 'zona de confort' y otra la 'zona de conformismo'». Me descoloca, pero él mismo me recompone. «Definamos lo que es zona de confort. Es un ámbito donde se produce bienestar. ¿Por qué habría que salir de ahí? Yo distingo tres áreas de confort. La primera es la zona de 'conformismo feliz' (estoy contento con lo que soy o lo que hago y no quiero más). El peligro que acarrea es que, si se produce un cambio, quizás no estés preparado para afrontarlo. Si busco un nuevo trabajo y mi nivel de inglés es muy bajo seguramente no pueda acceder al puesto que tanto me gustaría en una multinacional. La segunda es la zona de 'conformismo infeliz' (estoy mal, pero no tengo fuerzas o motivación para superar el coste que me produciría el cambio). Puede ser, por ejemplo, un matrimonio o un trabajo aburrido e insatisfactorio. Pero el coste del cambio es tan alto que prefiero seguir en mi zona del 'día de la marmota' (de la película *Atrapado en el tiempo*). Y la tercera es la que Ferrer llama la 'zona de evolución en confort'. Aclaro el concepto: es cuando tu zona de confort supone aprendizaje y evolución. «Es necesario diferenciar entre zona de confort y zona de conformismo. Es esta última la que puede generar un peligro en un mundo tan cambiante como el que vivimos. El gran reto es que nuestra zona de confort sea el aprendizaje y la evolución. Ello nos hace crecer y, sin duda, tener una vida mucho más rica y apasionante».

* * *

Las cuatro obligaciones de un profesional, según Juan Ferrer, son: aprender, crear, ejecutar y venderse.

«No puedo crear si no estoy aprendiendo, y lo cierto es que la mayoría de los directivos dedica poco tiempo al aprendizaje». Es posible que inviertan mucho tiempo en otras cuestiones más ejecutivas y de resolver el día a día. Un profesional debería estar aprendiendo constantemente, para desde ahí poder afrontar los futuros retos con mayores herramientas o habiendo salido de la caja de los conocimientos tradicionales. A veces, la experiencia es el problema del problema, porque no permite ver los nuevos retos con nuevos ojos.

«Una vez que te mantienes en permanente aprendizaje hay que crear valor. Si no lo haces serás perfectamente reemplazable por un compañero o por una máquina». O aportas un aspecto diferenciador, y ahí está la actual guerra por el talento entre las compañías, o serás un *commodity* totalmente reemplazable.

Igualmente, hay que ejecutar con la mayor eficiencia posible. Esa búsqueda de la productividad marcará la diferencia, pues por un lado la digitalización será una enorme ayuda, pero por otra, conceptos como el *self-empowerment* (va más allá de la delegación) o pasar de ser solucionador a «*servant-leader*» hará que se haga más con menos.

Y por último, hay que venderse, «y no se trata de presumir, sino de ponerse en valor. Veo en las organizaciones gente muy buena al final del sótano, y gente no tan buena arriba». Su crítica va contra el que permanece abajo cuando debería tener mejor posición. Volvemos a la cuestión anterior para arrojar una lanza en contra del conformismo. Si no te haces visible, tú mismo te condenas al ostracismo.

«Tenemos que recordar constantemente estas cuatro obligaciones». A Juan Ferrer esto le hizo parar y «para un guerrero estar parado es muy duro», pero le sirvió para bloquear en su agenda tiempo para aprender y crear. Se ha autoimpuesto la obligación de escribir otro libro, y aquí viene la ejecución. Por último, tendrá que vender. Habrá que estar atentos a esa nueva entrega editorial.

«LIBERAR TALENTO»

MARIANO VILALLONGA ELORZA

Sobre Mariano

Mariano Vilallonga es licenciado en Ciencias Económicas y Empresariales por la Universidad Comercial de DEUSTO, especialidad en Dirección Financiera. Es socio director de GesDirección, consultora dedicada al perfeccionamiento de la gestión directiva, especializada en el desarrollo profesional para directivos.

Cuenta con una dilatada experiencia de más de 20 años como consultor y *coach* profesional de alta dirección para multitud de directivos en numerosas empresas nacionales e internacionales, de sectores y tamaños muy diversos, y es miembro de la plataforma Top Ten Management Spain.

Desde hace 15 años colabora con las mejores escuelas de negocios de España en programas de desarrollo directivo, lo que le ha llevado a ser considerado por distintas publicaciones del área económica como uno de los mayores expertos en desarrollo directivo y gestión del talento.

Ha publicado diferentes libros en solitario y como coautor, y colabora habitualmente en revistas especializadas en el área de Recursos Humanos. En 2004, su artículo «De organizaciones que ahogan personas a organizaciones que liberan talento», recibió el premio al mejor artículo sobre desarrollo directivo otorgado por Human Management Systems.

https://marianovilallonga.com/

Cuatro preguntas en primera persona

¿Cuál es su definición personal del management?

Entiendo el *management* como una combinación entre ciencia y arte para mejorar las organizaciones desde la dirección de personas.

Combinación de ciencia y arte porque tiene una parte científica, que hay que conocer y muy referida a la antropología, y una parte artística, donde el propio sujeto aporta sus cualidades al servicio de esa dirección de personas.

¿Cómo se define?

Soy una persona preocupada por el medio y el largo plazo en cuanto a que es ahí donde pongo el foco, con una alta dosis de curiosidad y deseo de escudriñar el futuro como sociedad, tanto a nivel personal como colectivo. Por mi formación tengo un enfoque científico con algunas cualidades en la parte personal. Procuro ser empático al mismo tiempo que reflexivo.

Un personaje, real o ficticio, que haya influido de manera notable en usted

La persona que más ha influido en mi manera de ser y en lo que entiendo que tiene que ser mi proyecto, el despliegue de Mariano, ha sido mi padre. He sido testigo directo de cómo él se entregaba al trabajo con muy buen criterio, con unos valores fabulosos, siendo capaz de llevar en el día a día desde cosas muy pequeñas, domésticas podría decir, a grandes proyectos empresariales. Mi padre fue el director financiero de una empresa de ingeniería, SENER.

Un empresario que también ha influido mucho en mí fue Manuel Sendagorta, segundo presidente de SENER, de quien, además, he tenido el honor de ser su ahijado. Fue quien en los años 70 puso a esta empresa de ingeniería en una órbita impensable en aquellos años, pues ya trabajaban en la construcción y diseño de satélites cuando en España todavía estábamos con el 600. Era un visionario, con grandes proyectos, capaz de imaginar lo inimaginable. SENER estuvo implicado en el primer satélite europeo y crearon soluciones de ingeniera revolucionarias que, hoy en día, siguen teniendo un gran impacto en la industria. Manuel Sendagorta, además de ser un gran empresario, tenía el detalle de dedicar un día al año a su ahijado y, como es lógico, le tengo un gran cariño, además de sentir por él una profunda admiración.

Tres recomendaciones: un libro, una película y un lugar que visitar que tengan un significado especial para usted

La película tengo muy claro que para mí es *Gladiator* (Ridley Scott, 2000). Creo que es muy inspiradora. Ahí se muestra con claridad la posibilidad de elegir para bien o para mal.

Sobre el lugar, voy a tirar un poco hacia mi tierra, Bizkaia, para elegir San Juan de Gaztelugatxe. Creo que es un sitio que vale la pena conocer por la potencia que tiene frente al mar.

En cuanto al libro, tengo mis dudas. Si tuviera que elegir solo uno sería el *Apocalipsis* de san Juan. Me veo muy reflejado porque habla a lo grande del futuro, con mayúsculas.

Conversando sobre su pensamiento

Uno de los grandes retos a los que se enfrenta un directivo de cualquier lugar del mundo es la gestión del talento. 'Atraer y retener talento' suena como el mantra necesario para impulsar la invocación. «Como punto de partida, al talento no hay que retenerlo porque lo acabas ahogando. En todo caso, lo que hay que hacer es cortejarlo y dinamizarlo. El talento pide alianzas». En el tema de la gestión del talento Vilallonga parte del argumento de Peter Drucker, padre del *management* moderno en palabras de Mariano, que decía que «*el factor dominante del siglo XXI, será la batalla por el talento*». Coincide con él en que para abordar otros retos como la globalización o el medioambiente, es necesario el talento. «Creo que en los últimos años hemos pasado de las aplicaciones prácticas en la gestión del talento a modelos, algunos de ellos muy bien diseñados, y a herramientas prácticas que lo impulsan. Hay que dar ese paso y transformar las buenas ideas en gestión, que es lo que exigen las empresas y todas las organizaciones».

En uno de sus libros habla de hasta 25 líneas de acción distintas en cuanto a la gestión del talento, pero más que mostrar un abanico de posibilidades se trata de cómo gestionar el talento junior, primero identificándolo, y después con el diseño de programas que permitan el impulso de ese talento junior hasta la gestión del talento en consejos de administración. Son distintos niveles con distintas palancas. Una de ellas, por ejemplo, es el *coaching* ejecutivo, al que se dedica desde hace más de veinte años, que utiliza como herramienta para impulsar el talento de las personas.

«Hay organizaciones que, básicamente, establecen sistemas de control y fiscalización, con lo que acaban ahogando a las personas. Van muy dirigidas a la consecución de resultados, dejando al margen a las personas que las integran. Para mí, estas organizaciones pertenecen al pasado. Las de futuro son las que liberan ese talento y lo ponen en juego. Insisto en que hay numerosos modelos y procedimientos muy útiles, aunque, por supuesto, los resultados son completamente distintos».

En ese poner en juego el talento y crear alianzas con él, el compromiso adquiere un cierto grado de importancia. Ahora que tendemos a medirlo todo, le pregunto acerca de cómo se puede medir el compromiso de las personas. «Yo soy partidario de medir todo aquello que tenemos que gestionar. Esta medición no a va a ser nunca perfecta, pero nos puede servir para aproximarnos a la realidad». En este tema Mariano se basa en cierto modo en el Principio de incertidumbre de Heisenberg cuando dice: cuando te metes en un sistema, simplemente con evaluarlo ya lo estás modificando. «La realidad humana es tan compleja que el mero hecho de observarla ya influye en ese sistema. Lo que no es óbice para que hagamos una aproximación». En referencia al talento del que acabábamos del hablar me cuenta que, precisamente el compromiso de las personas exitosas o aquellas que presentan un alto potencial, es una de las principales variables a gestionar. «La medición del compromiso se presenta como un reto importante. Yo soy de la opinión de que no solo se puede medir, sino que, además, hay que intentar hacerlo. Aunque nunca se acotará la realidad, nos servirá como un camino de aproximación».

En el tema de la medición del compromiso, Mariano Vilallonga sigue en cierto modo las pautas que marca José Aguilar. «Para mí hay dos parámetros fundamentales en la medición del compromiso: la intensidad y la duración en el tiempo. La intensidad tiene que ver con la aportación de valor que está realizando la persona hoy en día, su implicación. La duración en el tiempo tiene que ver son su histórico, su fidelidad. Con estos dos ejes ya podemos hacer diversos cuadrantes con cuatro posiciones básicas: gente muy implicada pero poco comprometida a medio plazo (lo que llamamos talento de paso), que sería un perfil típicamente amarillo; personas muy implicadas y además muy comprometidas en el tiempo a medio y largo plazo (personas clave en cualquier organización), perfil azul; personas que ni están implicadas ni están fidelizadas (mejor que salgan cuanto antes de la organización), perfil rojo; y personas acomodadas dentro de la organización, con deseo de permanencia pero que aportan muy poco (personas a gestionar para aumentar su aportación), perfil verde». En uno de los libros publicados por Mariano Vilallonga existe un cuestionario que permite medir el compromiso de las personas señalando el cuadrante al que pueden pertenecer.

* * *

A nadie se le escapa que, tras el parón forzoso provocado por la pandemia, existe una nueva manera de trabajar y que las organizaciones se están teniendo que adaptar a ella. «Desde hace algunos meses estoy comprobando que la gran dimisión del talento que se vivió a primeros de año en Estados Unidos se está produciendo también en España. En los últimos días me han llamado varios directores generales, asustados porque personas clave les han dicho que se quieren ir de la empresa, y esto ocurre porque el escenario ha cambiado. Después de lo que hemos vivido, algo que era impensable que fuéramos a vivir, las prioridades de las personas han cambiado y esto añade complejidad. La deslocalización, el trabajo básicamente *online*, la mezcla de este con acudir a la oficina a reuniones puntuales, todo esto lleva a una dinámica completamente distinta».

Este nuevo escenario en el que nos movemos ha traído aparejada otra profunda transformación, y es que en el mundo virtual es mucho más difícil y complejo gestionar las emociones. La regla de Mehrabian sobre comunicación establece que tan solo el 7 % de la información corresponde a las palabras, mientras que el 38 % corresponde a la voz, y el 55 % restante, es decir, la mayor cantidad de información, se aporta a través del lenguaje corporal. De acuerdo con esta regla, Internet, al que debemos en cualquier caso estar agradecidos, transmite menos de la mitad de la información que producimos. «Una parte básica de la comunicación es no verbal y, dentro de ella, la parte más importante para mí es la de los microgestos. Aquellos gestos que son casi imperceptibles, pero que, sin embargo, son los que te dan más información. Esto *online* es muy difícil y a veces imposible de captar. Debemos encaminarnos hacia un modelo híbrido donde buena parte del trabajo se pueda realizar a distancia, pero que en determinados momentos haya un contacto presencial que produzca ese roce necesario para que surja la química en los equipos».

Esta comunicación a distancia también complica la labor de los gabinetes de Recursos Humanos, sobre todo en el tema de la selección de personal. «En los microgestos faciales son muchos los músculos que intervienen y muchas las emociones que se expresan a través de la cara, aunque son casi imperceptibles, y la distancia es una complicación añadida. La dirección de personas en esta combinación de espacios es muy difícil porque el ser humano es el sujeto más complejo que existe en el universo, el que posee el cerebro más complicado, a lo que hay que añadir su corporalidad y sus emociones. Si gestionarlas uno a uno ya es difícil, cuando por medio hay una distancia etérea como puede ser la comunicación *online*, se complica mucho más. Pero soy de la opinión que se puede».

* * *

«Siempre he pensado que para que en una sociedad generemos un tejido empresarial en el que exista de verdad una cultura de desarrollo y crecimiento hace falta poner en juego tres factores. El primero es que la Dirección General y de Recursos Humanos crea realmente en una filosofía de crecimiento y desarrollo del *coaching*. Que confíen y apuesten por ello. El segundo es tener un apoyo externo de gente especializada en distintos temas, por ejemplo la gestión de las emociones internas que ya hemos mencionado, porque es un tema difícil y complejo que hay que dominar. Se trata de disponer de un especialista externo a la organización para que este cuente con una perspectiva suficiente. Y el tercer factor, que para mí es el más importante y el que de verdad distingue a una organización que gestiona bien el talento a nivel de desarrollo, es que los líderes de esa organización sean *líderes-coach*. Cuando existen estos tres parámetros la organización funciona y se desarrolla».

El *coaching* facilita también la gestión de los egos, uno de los grandes problemas de nuestra sociedad, y Mariano Vilallonga ha dedicado a este tema un capítulo en uno de sus libros. «A determinados niveles directivos el ego juega un papel demasiado fuerte. Cuanto más arriba se está en la pirámide de la cadena de mando, con mayor fuerza aflora. Tener un cierto ego es conveniente, e incluso necesario, porque es una apreciación hacia uno mismo, algo que proporciona energía para ir superando las dificultades. El problema llega cuando es desmedido porque empieza a generar ansiedad y dificultades en la organización». Por eso es tan importante en las organizaciones, y aquí incluye a los partidos políticos, fijar muy bien los criterios de selección, y sobre todo los de promoción, para que sean criterios que respondan a la meritocracia, claros, medibles y observables por todos.

Vilallonga ha compartido muchas conversaciones con un buen amigo psiquiatra hablando sobre el tema y siempre ha procurado entresacar aspectos que sirvieran para la empresa. Nadie es perfecto, todos incorporamos disfunciones o tendencias inapropiadas que llevamos en el ADN y me cuenta que hay tres niveles de profundidad. El más liviano es un simple rasgo inapropiado que hay que corregir; el intermedio es ya un patrón de conducta muy asentado, con un nivel de intensidad que está por encima de lo normal o tolerable; el más alto es cuando la persona está ya enferma y requiere de un especialista. «Desde mi punto de vista, cualquier *líder-coach* o gestor de Recursos Humanos debe aprender a manejar los dos primeros niveles de profundidad. Cuando aparece el tercero, debe ayudar a que lo descubra, lo gestione y busque la ayuda de un especialista, derivándolo a un psicólogo en su caso».

Me interesa conocer cómo actúa Vilallonga cuando lo que tiene que gestionar son personas con un gran potencial, pero que no saben sacarlo a la luz. «Una de las cosas a las que nos dedicamos es a medir los niveles de competencia que tienen las personas y lo hacemos de una manera muy analítica. Utilizamos la herramienta del *feedback* 360°, que ofrece un perfil cuantitativo, pero también el perfil de liderazgo que tiene la persona. A veces las personas con mayor potencial, cuando se miran a sí mismas en su autoevaluación son las más críticas. Entiendo que, en general, es bueno tener un cierto nivel de autocrítica. Va aparejada al nivel de autoexigencia y, con cierta frecuencia, al evaluar a directivos nos encontramos con que la gente que da unos niveles competenciales más altos tiene también unos niveles de autocrítica bastante fuertes. El riesgo que conlleva es que al final les falle la autoconfianza y se autolimiten».

Vilallonga comparte una frase que escuchó a Amancio Ortega que dice 'voy a hacer la guerra a la autocomplacencia', porque entiende que es lo que mata el crecimiento de una persona. «La sociedad española es muy complaciente y, por contagio, el directivo español en general también. Creo que es el enemigo número 1 del crecimiento. Pero también la incompetencia es una de las enfermedades más endémicas que existen en general y en nuestro país en particular. Por algo uno de los héroes de nuestra literatura es un rufián…».

Seamos conscientes o no, lo cierto es que todos nos deslizamos hacia la incompetencia y hay que hacerle frente. También habría que aprender a gestionar a aquellas personas que, no en nuestra opinión sino de forma clara y manifiesta, son incompetentes. «Saber gestionar la incompetencia es una tarea propiamente gerencial y ejecutiva. En primer lugar, se debe desenmascarar el modo de actuar incompetente y, después, dar el apoyo suficiente para que se corrija. De ahí que el que el directivo sepa utilizar con maestría el *feedback* correctivo sea muy importante, porque tiene una parte de ciencia y conocimiento y una parte artística».

* * *

Nos deslizamos en la conversación hacia la medición del desempeño, sobre lo que existe una corriente del *management* que viene a decir que es una herramienta un tanto desfasada. «Creo que en el *management* hay tres niveles: hay cosas que son modas, cosas que son tendencias y cosas que son conocimientos ciertos. La moda es lo que se vive en el momento, un tema que pone a vibrar a la gente. Las tendencias son necesidades reales y latentes que, con el tiempo, se van abriendo camino y fraguando. Los conocimientos ciertos son aquello que nos ha servido, nos sirve y nos servirá. Creo que el desempeño se encuadra dentro del conocimiento cierto porque medir el rendimiento y la productividad de las personas es algo que hemos necesitado, necesitamos y necesitaremos, por lo que hay que hacerlo bien y no tirarlo por la borda. Así que mi opinión es contraria a los que dicen que es una herramienta desfasada».

En ese deslizarnos llega el momento de hablar de sostenibilidad. «Cuando hablamos de sostenibilidad enseguida nos vamos a los factores ESG (medioambientales, sociales y de gobierno corporativo). Es esto también discrepo porque para mí la sostenibilidad no se encuentra tanto en los factores ESG sino, sobre todo, en las personas. Y volvemos al punto de arranque de la entrevista: o ponemos a las personas en el centro de la gestión y de la vida, o estamos muertos. Dentro de la empresa hay dos maneras principales de trabajar la sostenibilidad, que están más en el corazón de la empresa, aunque existan factores ambientales y sociales que haya que medir. El primero es profesionalizar el gobierno de las empresas distinguiéndolo de lo que es la dirección. Profesionalizar los consejos de administración. Es un tema que conozco a fondo porque me dedico a evaluar consejos de administración y se nota enseguida qué consejos son endogámicos y viven para sí y su propio ombligo, y qué consejos de administración entienden que están al servicio de todos los *stakeholders*. Hay empresas, quizás menos conocidas pero que son dignas de admirar, que cuentan con consejos que tienen la visión de impactar positivamente en todos los grupos de interés, eso es sostenibilidad. El segundo es la gestión del talento. Cuando se cuida el talento, sea mucho o poco el potencial que se tenga, de nuevo ello afectará a todos los *stakeholders* y estarás convirtiendo la empresa en sostenible».

Le pido que me encuadre dentro de esos tres niveles (moda, tendencia y conocimiento cierto) alguno de los conceptos más repetidos de los últimos tiempos. Hablar de 'empresas felices' entra dentro del segmento moda, porque, como él mismo dice y yo comparto, la tendencia a la felicidad la hemos tenido siempre. También encuadra dentro del segmento moda a las cuotas «porque lo que hay que hacer es enriquecer los equipos, y la diversidad y la pluralidad son imprescindibles». Me añade como ejemplo de moda la utilización de la herramienta *feedback* 360° que él utiliza muchísimo. La gente se lo pedía para todo, por más que él defendiera que sirve para lo que sirve, que no es en todos los casos, y que utilizarla cuando no se debe produce más mal que bien.

* * *

Hablamos muchas veces de grandes líderes históricos, pero comenta Vilallonga que el liderazgo es un concepto que hay que bajar a tierra porque «todos podemos ejercer un cierto grado de liderazgo. Un buen líder es igual a la suma de tres factores: un buen jefe, un buen *coach*, un buen mentor. Ser buen jefe sabiendo mandar, porque es algo difícil, delicado, sensible y extraordinariamente complejo, pero si un líder no manda, ejercerá solo como amigo o persona inspiradora. Ser un buen *coach*, para facilitar el potencial de las personas que tiene en su entorno. Y un buen mentor, que tenga la generosidad suficiente para dar el relevo cuando convenga y para que las personas que hoy dependen de él sean capaces de llegar más arriba de lo que han llegado».

* * *

Por la experiencia que le aporta su contacto diario con grandes directivos, le pregunto por la calidad directiva de nuestros profesionales. Me cuenta que encuentra un referente en el índice de competitividad por países que cada año publica el Foro de Davos. Este índice incluye parámetros fáciles de medir, como la red ferroviaria o de carreteras y el sistema sanitario, pero también la calidad directiva. España no suele quedar muy bien parada y aparece entre el puesto 30 y el 32, dependiendo de los años. Sin embargo, «me produce una gran perplejidad el hecho de que nuestras escuelas de negocios, donde se forjan los directivos españoles, ocupen el quinto o sexto lugar, lo que es una muy buena posición». Entonces, si tenemos las mejores escuelas de negocios compitiendo a nivel internacional, ¿cómo es posible que perdamos tantas posiciones en cuanto a la calidad directiva? Aunque no lo sabe con seguridad estima que el cuadro de mando de todo un país está compuesto, además de por los comités de dirección de determinadas empresas, por los comités de los partidos políticos, de las instituciones y de los sindicatos. «Al final son millones de personas las que componen este índice en España y las escuelas de negocios llegan solo a unos cuantos miles. Entiendo que lo que está fallando no es la formación directiva sino algo más de base en nuestro sistema educativo. Pero con esto no descubro nada. Estamos resignados a aparecer en todos los informes, ya sea PISA o cualquier otro, con unos resultados desastrosos en cuanto a la formación de la gente joven. Habrá que poner remedio porque si no…».

Esto explicaría en parte por qué aparecemos con un cuadro de mando/país muy débil, pero la experiencia de Vilallonga, que se dedica desde hace años a medir la calidad de los directivos, es que en España tenemos desde gente extraordinaria a gente muy mediocre. «La dispersión que tenemos es brutal. Sin embargo, cuando un ejecutivo español salta a otro país porque le ficha una compañía multinacional se descubre que tiene una proyección y una carrera profesional excepcionales. Es muy posible que esto venga provocado porque para brillar aquí tienes que hacerlo dos o tres veces mejor que en cualquier otro país».

«Esto me lleva a otro concepto que para mí es fundamental y que en España no solo lo tenemos descuidado, sino que está siendo vilipendiado: la meritocracia. La meritocracia es producto de talento por esfuerzo. Lo que no se tiene por naturaleza o por talento se consigue por el esfuerzo, y hay que ser capaces de trabajar con esta variable».

«EL LIDERAZGO ABIERTO»

MIGUEL FERNÁNDEZ-RAÑADA DE LA GÁNDARA

Sobre Miguel

Es licenciado en Ciencias Económicas y Empresariales por la Universidad Complutense de Madrid y tiene un Máster en Control financiero y presupuestario por el Instituto de Empresa. Ha realizado estudios de postgrado en la Universidad de Stanford (USA); en el IMD de Lausanne (Suiza) y en Euroforum / Insead (Francia).

Profesionalmente ha ocupado puestos de alta dirección durante más de 20 años en los sectores de consumo, industrial y de telecomunicaciones, habiendo trabajado en compañías como 3M, AT&T, Lucent Technologies y Tecnocom.

También ha sido miembro del consejo asesor de Euroforum-Insead y vicepresidente y presidente del Centro Español de Logística-CEL. Asimismo, ha sido miembro del Consejo de administración de Amper S.A, TM Data Do Brasil, Metrocall y grupo Calcinor.

Desde 2004 es *coach*, formador de directivos y consultor, y desde 2007 es miembro del International Advisory Council de Harvard Business Review.

Autor de libros de *management*, sus últimos títulos publicados son *El duende azul: la aventura que enseñó a los duendes a gobernar el tiempo* (Kolima, 2019); *El testamento de Beethoven: una historia sobre el fracaso y el éxito en la vida y en la empresa* (Kolima, 2015); *Las enseñanzas del rey desnudo y otras historias del management* (Kolima, 2012) y *La gestión abierta de la empresa y de los organismos públicos* (Ediciones Díaz de Santos, 2014). También es coautor del libro *3C: A Proven Alternative to MRPII for Optimizing Supply Chain Performance* (CRC Press, 2000 USA).

Ha impartido numerosas conferencias, escrito múltiples artículos sobre temas de gestión en general y colaborado con empresas, universidades y escuelas de negocios.

https://www.linkedin.com/in/miguelfranada

Cuatro preguntas en primera persona

¿Cuál es su definición personal del management?

Es la ciencia –empírica– que permite administrar una organización (privada o pública), definiendo su estrategia y gestionando sus procesos, sistemas y personas para conseguir los objetivos de la misma.

Tiene por lo tanto un gran componente de eficiencia económica, de aportación social y de gestión de las personas, que son la esencia de cualquier organización.

Digo de eficiencia económica a través de la mejora de procesos y de la correcta aplicación de las técnicas de gestión sustentadas por la tecnología y la innovación. Otro componente es la aportación social por la creación de «valor social», concepto que está en el centro de la moderna idea de sostenibilidad y que debe presidir su actuación permanentemente (la especulación está fuera del campo del *management*). Toda organización debería saber lo que debe hacer para crear valor social o público.

Y finalmente las personas: el *management* no va solo sobre números (si así fuera sería mucho más sencillo); va también sobre personas, tanto internas como externas, a la organización. Yo entiendo el rol del mánager como el de un directivo humanista, en el sentido de que debe incluir siempre el impacto en las personas en su toma de decisiones, buscando la mejor alternativa posible para todos.

¿Cómo se define usted?

Como directivo he sido una persona constantemente preocupada por el lado humano, por las personas. Siempre he defendido que la primera cualidad de los directivos es la de ser humanos y que lo más difícil de gestionar en las empresas son las personas. Creo que esto lo hemos aprendido todos los que hemos tenido que gestionar personas en algún momento de nuestra vida. Ahí está realmente la complejidad, y yo he tratado de gestionar personas con dos grandes coordenadas: la primera, el ser justo y ético en las decisiones; y la segunda, la consecución de resultados (sin ellos no hay sostenibilidad en el tiempo), pero aprendí de las empresas bien gestionadas que es tan importante el «qué» se consigue, cómo el «cómo» se consiguen esos resultados, es decir, respetando los valores y normas de la propia organización (por ejemplo, vender pagando «mordidas» no hace a la empresa más eficiente sino menos).

Un personaje, real o ficticio, que haya influido de manera notable en usted

En uno de mis libros hablo de los duendes azules, que es una metáfora sobre la gente que tiene un claro propósito en la vida, que tiene claros sus objetivos fundamentales y los mantiene hasta alcanzar el objetivo. En el libro hay muchos ejemplos de duendes azules históricos como Francisco de Asís, que es claramente el iniciador del ecologismo bien entendido, o, en femenino, la madre Teresa de Calcuta, a la que impresiona conocer por la aportación que hace para remediar la injusticia social.

En el mundo del *management*, como soy buen lector, ha habido mucha gente que me ha ayudado o impresionado. Stephen Covey, por ejemplo, y sus enseñanzas.

Creo que somos el resultado de muchas influencias y es muy difícil hablar solo de una persona.

Tres recomendaciones: un libro, una película y un lugar que visitar que tengan un significado especial para usted

Hay muchos libros y es difícil quedarte con uno, pero últimamente me ha interesado mucho un libro del historiador británico Orlando Figes que se llama *Los europeos* (2020), porque nos cuenta cómo una tecnología –el ferrocarril, en este caso– crea el primer «espacio cultural europeo común»; literalmente la primera ola cultural europea.

En 1846 se abre la línea de ferrocarril que une París (que era la capital cultural de Europa) con Bruselas, y permite la comunicación con los Países Bajos, Alemania, Reino Unido y, posteriormente, San Petersburgo.

Esta nueva tecnología abarata los costes de distribución de libros y permite viajar rápidamente a músicos, compañías de ópera y artistas en general. De este modo se crea un mercado de obras artísticas y musicales común a todo el continente.

Es la descripción de cómo una tecnología impacta, cambia y crea una cultura común en Europa. Todo un precedente del fenómeno globalizador que vivimos hoy en día.

En general me gustan las grandes películas. Me gusta mucho John Ford y su Trilogía de la Caballería, *Fort Apache* (1948), *La legión invencible* (1949) y *Río Grande* (1950); o *El hombre que mató a Liberty Balance* (1962), una historia con un fuerte halo romántico y en la que la mezcla de leyenda y realidad me parece muy atractiva.

En cuanto al lugar, yo soy de un pueblo de Cantabria, y esta tierra, Santander, tiene un atractivo especial para mí. El paisaje, el clima, la gastronomía. La verdad es que siempre que voy allí me siento muy a gusto, aunque viva en Madrid desde hace muchos años.

Si habláramos de un lugar fuera de España, elegiría San Francisco. El paisaje, sus alrededores, la gente de la bahía, el que sea una ciudad cosmopolita, algo tan inusual en América. Es un sitio en el que yo me retiraría, sin duda.

Conversando sobre su pensamiento

«Quizá debería explicar, como primer punto de esta entrevista, que, en el fondo, cuando miras todas las ideas que expreso en mis libros y conferencias en el campo del *management*, hay una clave fundamental que está en el sustrato de todo y es que, evidentemente, hemos pasado de una era industrial a una era del conocimiento».

Desde el punto de vista del *management*, Miguel define la era industrial como una época con líneas claras de separación entre los distintos sectores, en los que la situación era más o menos estable en los mercados, con poco caos y una lenta innovación, y con un estilo directivo personalista, de control, con roles muy definidos, con procesos siempre dirigidos desde arriba hacia abajo.

Pero todo esto lo rompió la revolución tecnológica y la rápida introducción de innovación en los mercados, que ha hecho que muchos sectores se solapen (un club de fútbol como el Real Madrid compite hoy en día con los grandes restaurantes y museos) y la gran expansión del conocimiento (pensemos en el alto grado de conocimiento que tienen los clientes hoy en día gracias al uso masivo de Internet).

Es evidente que, desde el punto de vista del *management*, gestionar la era del conocimiento es muy diferente a lo que fue gestionar la era industrial. «El problema es que la mayoría de las empresas españolas no han dado todavía ese paso y el liderazgo en España continúa anclado en el paradigma de la era industrial».

Frente a esta situación, Miguel propone lo que ha llamado la gestión abierta de las empresas, que se asienta sobre tres ejes. El primero es el liderazgo del conocimiento. Si nos paramos a pensar es lógico: para dirigir a una persona muy formada e inteligente hay que prepararse a conciencia. Es imposible que una persona inteligente se comprometa ante el ordeno y mando porque, aunque permanezca callado, en su fuero interno habrá rechazo. Para el segundo eje me propone una analogía. «Estamos todos de acuerdo en que la medicina ha avanzado mucho en la 'parte física'; se realizan operaciones increíbles, pero en lo que respecta a lo que hay dentro del cerebro ¿cómo está el conocimiento? Muy limitado todavía». Sucede igual con las empresas. Se ha avanzado muchísimo en los sistemas tecnológicos que utilizamos, pero pocas saben todavía gestionar lo que él llama la empresa invisible, que son los intangibles (el servicio al cliente o alcanzar el compromiso de las personas, por ejemplo). El tercer eje es la creación de valor al cliente que, aunque es la base de la rentabilidad de cualquier empresa, desgraciadamente en la mayoría de ellas ni siquiera se sabe cómo medirlo. No puede haber valor al accionista si previamente no hay valor al cliente, por lo que este debe estar en el centro de la gestión empresarial.

«En la era de las personas es muy importante la figura del líder abierto, porque es capaz de entender el talento y, por lo tanto, el mérito». Si en las organizaciones el talento se promociona y se distribuye, se aumenta la creación de valor, y el cliente lo percibe. Todos somos clientes y cuando acabamos una interacción con una empresa somos conscientes de qué nos ha aportado. «La creación de valor se sustenta en el talento y en procesos y tecnologías utilizados correctamente».

* * *

«No malgastes el tiempo porque es la sustancia de la que está hecha la vida». Esta frase de Benjamín Franklin siempre me ha acompañado y la gestión del tiempo ha sido una constante de aprendizaje en mi vida, así que me entusiasmaba la idea de poder hablar con Miguel sobre el tema.

El comienzo no pudo ser más alentador: «El que gobierna su tiempo gobierna su vida». Y no se trata del concepto gestionar, sino de gobernar, lo que supone toda una filosofía de vida.

Lo primero que es fundamental es contar con un propósito, que no tiene que ser único para toda nuestra existencia, pero que no debe faltar en cada época, y de ese propósito se extraen los objetivos fundamentales que se han de mantener y ejecutar para ser capaces de gobernar tu vida. «Si gobiernas tu vida, tu tiempo, y lo diriges a la consecución de ese propósito, tu vida será plena».

No se trata aquí del concepto productividad del que habla mucha gente, de hacer muchas cosas, sino de hacer aquellas que tienen valor para ti. A Miguel le gusta el refrán que habla de no dar puntada sin hilo porque supone que esas personas no pierden el rumbo al que quieren dirigirse. «Es una gran cualidad: tengo claro mi propósito y nunca lo pierdo de vista pese a las tempestades de la vida».

El mismo concepto de tiempo limitado y de necesidad de propósito sirve también para las organizaciones, que deben aprender a utilizar el tiempo con talento. Hay que ahondar en el propósito de crear valor para los clientes en el día a día y evitar las pérdidas de tiempo y las tareas inútiles. «Gran parte de la política interna de una empresa es totalmente inútil para crear valor al cliente. Una de las cualidades de la empresa abierta es que mira hacia fuera, donde ocurre lo verdaderamente importante, y no hacia dentro».

El ejercicio de distinguir qué es lo urgente y qué es lo verdaderamente importante aún no se hace. «Una empresa que tiene malos procesos básicos obtiene como resultado el estar continuamente apagando fuegos». Me pone de ejemplo la filosofía *lean* de Toyota. «Yo no quiero grandes directivos con procesos mediocres. Como la mayoría somos directivos normales, prefiero contar con grandes procesos». Cuando el proceso es bueno la excepción es del 10 %, cuando es malo muchas veces supera el 50 %. A Miguel Fernández-Rañada le gusta utilizar la siguiente analogía para explicar esta diferencia: «somos pastores de un rebaño. Se abre un agujero en la verja y se escapa una oveja. El directivo español es muy bueno saliendo a correr detrás de la oveja; el alemán es muy bueno tapando el agujero». Esta es la gran diferencia.

* * *

«Los valores son el alma de las empresas». Todas tienen valores, oficiales y «escondidos», lo sepan o no.

Miguel me cuenta que en un restaurante su mujer y él hablaron con el dueño sobre una tarta de queso. Después de consumirla, el dueño ya no se preocupó en preguntarles qué les había parecido. Lo que sintieron es que claramente la opinión de sus clientes le daba exactamente igual. Si el cliente le hubiera preocupado seguro que se habría interesado por el resultado de su recomendación y habría preguntado. Aprender de los clientes es una regla de oro en la creación de valor en la empresa.

Contar con la opinión de los clientes es hoy imprescindible. Quien más, quien menos, aprovecha las ventajas que ofrece Internet para conocer las opiniones de los que antes que tú utilizaron el servicio que quieres contratar. Me pone como ejemplo el éxito de Amazon, que fue capaz de desarrollar tecnologías de web amigables con el cliente y capaces de aprender de sus compras. «La tecnología es un gran aliado cuando se utiliza bien y, *a contrario sensu*, se puede utilizar muy mal». Una claramente mal utilizada en su opinión es el correo electrónico, que puede ser una herramienta muy útil pero que se ha convertido en un ladrón de tiempo. Posiblemente el problema se hubiera minimizado si cuando se introdujo se hubieran establecido unas reglas de uso. «La tecnología es genial, pero no hay que separarla de la cultura de gestión porque esta es la clave».

A raíz de este comentario de Miguel se me ocurre preguntarle sobre la eficacia de facilitar una información (no me gusta usar la palabra manual; me suena a un libro infumable que nadie lee) de bienvenida a los nuevos empleados. «Creo que es fundamental y que lo hacemos muy mal. Debería tener dos niveles. El primero debería recoger las normas de convivencia y cómo usar los espacios comunes. El segundo, que creo que es fundamental, es dar a conocer los valores de la empresa, su cultura, el estilo directivo… El que todo esto te lo explicaran el primer día marcaría una gran diferencia».

* * *

«Solamente hay dos tipos de organizaciones: las que están orientadas a actividades y las que lo están a resultados. Unas fracasan y otras tienen éxito».

En las orientadas a actividades el mánager sigue las reglas y es el cumplimiento de esas reglas lo que debe llevar a obtener el resultado. Un ejemplo típico es la Administración pública. Se observan las reglas y se siguen los procedimientos establecidos. El resultado final, positivo o negativo, carece de importancia mientras se haya cumplido con lo señalado (me pone como ejemplo el servicio público de empleo). Según Fernández-Rañada, esto también se da mucho en empresas privadas, especialmente en aquellas que por su tamaño se acercan al monopolio.

«Las empresas de éxito son las que están claramente orientadas a resultados. Orientas una organización a resultados cuando pagas por rendimiento y se promociona por méritos. La meritocracia es tenida en cuenta, cuando lo que tiene valor es la idea y no quién la formuló, donde prima el talento y no de quién se es hijo o a quién se conoce».

Las empresas orientadas a resultados hacen las cosas de modo diferente o hacen cosas distintas a las que no consiguen mantenerse en la excelencia. Lo primero es que se centran en lo realmente importante y no lo olvidan. Me pone como ejemplo Zara, un gran caso de éxito. Amancio Ortega insistió siempre mucho en que el corazón de la empresa debía ser cada una de las tiendas porque era (es) en ellas donde realmente sucede todo, y puso al jefe de tienda en un nivel alto donde podía decidir qué era lo que debía vender. «Imaginemos la revolución que sería si en las redes dejáramos a los comerciales decidir qué vender, pero es que son ellos los que conocen a sus clientes y sus necesidades».

Lo segundo sería conseguir que todo el mundo supiera qué es lo que tiene que hacer para alcanzar el resultado. No se trata de hacer una descripción del puesto de trabajo sino de concretar qué debe hacer cada uno para conseguir los objetivos esperados. Que cada uno sepa, desde su puesto, cuáles son sus tareas principales y cómo se conectan con las de los otros para contribuir al éxito global de la empresa.

Otra cualidad importante que poseen es que existe una monitorización constante de los resultados y revisiones periódicas. «3M, donde trabajé, una empresa claramente orientada a resultados, tenía mucha fama por la innovación y por el marketing. Mi experiencia es que tenía una cosa única sobre otras muchas empresas: unos extraordinarios sistemas de monitorización de resultados que funcionaban a la perfección».

«La causa del fracaso de muchas empresas es el olvido del propósito principal» afirma y eso me lleva a recordar la crisis de Lehman Brothers. Seguramente de las primeras cosas que debas conocer cuando trabajas en un banco es la gestión de riesgos porque el negocio consiste en prestar dinero y, después, recuperarlo obteniendo un rédito. ¿Cómo fue posible que se les olvidara la gestión del riesgo y se dedicaran a conceder créditos hipotecarios por decisiones políticas internas que resultaron irrecuperables? Me cuenta una anécdota personal con un alto directivo de un banco en España que le explicaba la crisis y por qué habían dado más del cien por cien de crédito en las hipotecas con estas palabras: «Es que vino el director comercial y nos dijo que lo hacían todos, así que empezamos a decir que sí». Por tanto, si la empresa olvida su propósito principal, fracasa.

Otro motivo de fracaso es predicar unas cosas y hacer otras. Lo que los clientes ven es lo que haces. Si luego tienes otro discurso se produce una ruptura de valores que el mercado percibe y castiga porque piensa en que se le está engañando.

Finalmente, un aspecto importante a tener en cuenta para el éxito o el fracaso de las organizaciones es que a veces el mercado exige determinadas rupturas estratégicas que las empresas pueden aceptar o no. Miguel conoce uno de estos momentos a través de Lucent Technologies, empresa en la que trabajó. Cuando llegó Internet se produjo una pelea interna entre las divisiones tradicionales, que eran las que generaban el dinero, y las innovadoras, que veían hacia dónde iba el mundo, con una cultura distinta y con una tecnología que aún no se entendía. El choque llevó a que ganaran los tradicionales y el resultado fue que no supieron adaptarse a las exigencias tecnológicas del mercado y, tristemente, Lucent desapareció.

«Todo esto va unido a la pérdida de talento estratégico». Las empresas deberían tener muy claro qué puestos son estratégicos para alcanzar su propósito, lo que no siempre está unido a puestos directivos. Ese es el talento que no te puedes permitir perder.

* * *

Durante toda la conversación han sobrevolado los conceptos abierto y cerrado; también en el tema de la comunicación encontramos dos maneras diferentes de comunicar.

La comunicación cerrada, de un solo sentido, es cuando el comunicador, generalmente el directivo, habla y ahí termina el proceso. La comunicación abierta se produce en diferentes sentidos. Se interrelaciona y, por tanto, permite llegar a debates o discusiones sobre lo propuesto, alcanzando un resultado común. «Es lo que yo llamo procesos de decisión justos. Empleado y jefe se unen porque ambos participan y son escuchados».

«La comunicación es fundamental; todos los grandes líderes comunican bien. El directivo o mánager debe conocer las metodologías y técnicas necesarias para comunicar correctamente, que se deben entrenar como una habilidad básica».

La comunicación abierta consigue que las ideas permanezcan y promueven el compromiso de las personas. «Yo hablaría de comunicación sobre estos dos ejes: dominar formalmente las técnicas y metodologías y promocionar la comunicación abierta bidireccional en las empresas».

* * *

Para cerrar la conversación, Miguel quiere dejar clara su analogía sobre los duendes amarillos y los azules.

«Los amarillos son las personas que no gestionan su tiempo, no tienen claras sus prioridades, se dejan llevar por las circunstancias..., van por la vida como una maleta, ni siquiera van, los llevan. Por tanto, no son capaces de conseguir sus resultados fundamentales a menos que las circunstancias les lleven a ello. En la vida aportan muy poco».

«Los azules tiene un claro propósito, gobiernan su tiempo, saben lo que quieren, lo defienden y luchan por ello con pasión. Son seres transformadores».

«En la vida estamos rodeados de duendes amarillos o azules. Identifica a los azules, aprende de ellos y tú también serás un duende azul».

«EL CIENTÍFICO DEL MANAGEMENT»

RICARDO HERNÁNDEZ GARCÍA

Sobre Ricardo

Ricardo Hernández es fundador y CEO de HGBS, un centro de transferencia de I+D en el ámbito del *management* desde el que prestan servicios de consultoría para el crecimiento y «turnaround» de empresas.

Acumula más de 18 años en puestos directivos que van desde la dirección comercial hasta la dirección empresarial, tanto en sus propias empresas como en empresas en las que desempeñó un papel ejecutivo destacado.

En su faceta científica, ha pasado los últimos 17 años de su carrera investigando en campos como el liderazgo, la gestión del cambio, la estrategia o la persuasión. Esta investigación le ha llevado a desarrollar ocho modelos para analizar, diagnosticar y transformar las empresas, y a publicar estudios como el titulado «Estudio sobre los factores inductores del crecimiento empresarial: Cómo implementar con éxito procesos de crecimiento en las empresas» o el ensayo «Management español. El sabio discreto. Análisis de Javier Fernández Aguado y su teoría de buen gobierno».

Es el padre intelectual del *consourcing*, además de un reclamado consultor en procesos de *turnaround*. Forma parte de Top Ten Management Spain y es un referente en el gobierno de organizaciones y personas, seguido por miles de personas en las redes sociales.

https://www.hgbs.es/

Cuatro preguntas en primera persona

¿Cuál es su definición personal del management?

El *management* es la ciencia que estudia el gobierno de organizaciones y personas. Una ciencia que se encarga de identificar 'qué causa qué' en ese gobierno de organizaciones y personas.

Muchas veces nos creemos que el *management* es solo gestión de personas. Ese es el gran error de los mánager, porque el *management* tiene una vertiente científica con teorías específicas. Una teoría es buena cuando su capacidad predictiva es alta. Podemos encontrarla en estado descriptivo, cuando intuye determinadas cosas, y en estado normativo, que es cuando es capaz de predecir qué funciona en determinadas circunstancias.

Actualmente contamos con aproximadamente cuarenta teorías en estado normativo, mientras que el resto se encuentra en fase descriptiva (en estado de prueba/error o probabilístico) y, por lo tanto, provocan mucha confusión porque lo que funciona para unos puede muy bien no funcionar para otros.

La clave para hacer buena consultoría de *management* reside en aplicar teorías en fase normativa porque, como ciencia, sabes que sí o sí van a funcionar, las aplique quien las aplique.

¿Cómo se define?

Ante todo, soy empresario, pero también emprendedor y científico.

Empresario porque soy un amante del gobierno de la empresa y necesito tener siempre un proyecto al que destinar todo mi cariño con una dedicación constante. Necesito tener una empresa a la que cuidar como a un hijo.

Emprendedor en el sentido de que me gusta iniciar proyectos y en eso soy muy creativo. Esta vertiente emprendedora la desarrollo en los proyectos de consultoría que llevo a cabo, que me aportan la innovación y el tener que enfrentarme a retos constantes de creatividad.

Y tengo una tercera vertiente en mi vida que es muy importante para mí y es que soy científico. Me apasiona la investigación. Llevo 17 años estudiando autores y tratando de entender eso de 'qué causa qué y por qué' la teoría, que acompaño de un componente absolutamente pragmático que me obliga a llevar a la práctica, en los proyectos de innovación que ejecuto, los marcos teóricos a través del desarrollo metodológico.

Un personaje, real o ficticio, que haya influido de manera notable en usted

El personaje que más ha influido en mi carrera profesional es, sin duda, el profesor de Harvard Clayton Christensen.

Christensen tiene una visión del *management* absolutamente científica que supuso para mí un antes y un después.

Yo ya traía un estudio del *management* en profundidad y llevaba haciendo revisión de autores varios años. En el momento en que me encuentro con Christensen cambia mi paradigma de cómo entender la teoría, la estrategia y los negocios. Me doy cuenta de que estaba haciendo una labor científica que, hasta ese momento, no reconocía como tal. Me gustaba investigar, pero no me veía como un científico. Es entonces cuando me doy cuenta de que realmente hay un componente estructural que a veces pasamos por alto.

Había leído un estudio de Kim B. Clark, catedrático de *management* en Harvard, sobre cómo afecta la modularidad en los sistemas, que cobró inmediatamente sentido cuando entré en contacto con Christensen. Lo mismo me pasó con otros muchos autores que, hasta entonces, no había entendido en profundidad.

Tres recomendaciones: un libro, una película y un lugar que visitar que tengan un significado especial para usted

¡Un solo libro! Me parece una tarea titánica. Voy a reducirlo al campo del *management* porque ahí sí tengo dos claros candidatos.

Como segundo en importancia, aunque hable primero de él, *Los 7 hábitos de la gente altamente efectiva* (Stephen Covey, 1989). Es un libro que me ayudó mucho en mi juventud profesional cuando a los 25 años me enfrenté a una quiebra empresarial. Es muy conocido y lo pongo en segundo lugar porque es más personal, de liderazgo y gestión personal, pero recopila mucha información sobre autores clásicos, lo que me marcó en su día.

El primero, aunque lo mencione en segundo lugar y sea menos conocido, es *The Innovatior's Dilemma* (Clayton Christensen, 1997). Christensen explica cómo funciona a nivel competitivo el desarrollo de la estrategia en las empresas y cómo a veces, y esto es algo que me llama poderosamente la atención, el ir a un producto o cliente más sofisticado, con un margen bruto mayor, podría ser un tremendo error. Al final explica la mecánica de por qué las empresas, teniendo un éxito apabullante, pueden llegar a caer. Este libro es el que hace que me dé cuenta de que, al final, no solo es importante el conocimiento práctico, el experiencial y la selección de estrategias, sino entender muy bien las dinámicas de los sistemas que rodean un sector, que es lo que te hace tener éxito en la implantación de una estrategia. Para mí es el mejor libro de *management* de la historia reciente.

Soy poco cinéfilo, pero no sé por qué se me ha venido ahora mismo al recuerdo la película *En busca de la felicidad* (Gabriele Muccino, 2006), en la que Will Smith enseña valores muy profundos a su hijo. Me gustan las películas con mensaje y las basadas en hechos reales me suelen encantar. Me gustó porque manda un mensaje de esfuerzo, de dedicación, de constancia, de perseverancia, de ímpetu por conseguir cosas, con los valores como elemento principal. También *Siete almas* (Gabriele Muccino, 2008), del mismo actor.

El lugar ¡La Cañada, por supuesto! Es el barrio donde nací, a 20 minutos de Valencia. Aunque pasé unos pocos años en Valencia, en La Cañada es donde me crié, donde a tengo a mis amigos íntimos que hice a los 13 o 14 años y que hoy siguen siendo mis hermanos. Para mí representa el hogar. Y ya, en segundo lugar, estaría Valencia. Para quien no la conozca, es una ciudad de visita obligada que alberga una historia, una arquitectura, un paisaje, una gastronomía y una vida social interesantísima.

Conversando sobre su pensamiento

Analizar y medir sin solución de continuidad ¿es una de las claves para el éxito empresarial? «Sí, pero con prudencia. Hay que analizar, medir, priorizar e implantar. La estrategia sin ejecución no sirve absolutamente para nada. Mucha gente pierde de vista que la estrategia es la acción directa y coherente sobre el problema que han resuelto durante el análisis». Y en esta acción directa y coherente es donde entran el liderazgo y la gestión del cambio.

Ante el reto de mejorar una empresa, cuando Ricardo Hernández entran en contacto por primera vez con el proyecto, lo que hace es extraer una serie de datos críticos de varios campos en los que se ha de actuar, según Hernández, porque en las empresas las actividades no se compensan. Que una empresa sea muy buena en marketing y en ventas no hace que sea buena en producción o finanzas, por ejemplo. Por lo tanto, hay que conocer qué elementos de los Factores Esenciales de Desarrollo del Negocio (FEDN) son críticos para el negocio.

Este pensamiento dio lugar a uno de los primeros modelos de análisis de diagnóstico que Hernández ha creado (cuenta con ocho actualmente) que al final no era más que una adaptación de los criterios de Josh Kaufman. «Yo siempre digo lo mismo. Mis modelos no son innovación más que en una cosa: en coger pequeños montones de cosas de un montón de autores».

En esto discrepo de Ricardo: mezclar elementos ya existentes para encontrar una solución hasta entonces desconocida es innovación.

«Hay modelos conceptuales que para mí no son innovaciones sino adaptaciones. La línea de creación de valor sí es una innovación porque el conjunto de autores que lo componen es muy importante, pero, sobre todo, porque integra orden, desarrollo y aplicación. El *consourcing* como tal también es innovación, porque diseña un modelo de análisis específico que aporta velocidad y flexibilidad en su adaptación a las empresas, y rapidez, sobre todo en la capacidad analítica y de diagnóstico».

En un determinado momento Ricardo se dio cuenta de que, por mucho que se definiera correctamente la estrategia, las cosas no tenían por qué funcionar, y por lo tanto de que existían, no solo uno, sino tres elementos clave que jugaban un papel muy importante en la transformación de cualquier negocio: la estrategia, el liderazgo y la gestión del cambio.

Los modelos sobre gestión del cambio, como pueden ser los de Adkar o Kotter, ya existentes, no necesitaban prácticamente innovación porque cuando se aplicaban funcionaban. Sin embargo, en cuanto al liderazgo, dedujo que al final es más una función de acompañamiento en la que hay que asesorar al candidato, a la persona en sí, y que es una labor que no se aprende de un día para otro porque necesita de habilidades humanas, que integran gran cantidad de conceptos. Y después llega la parte estratégica, en la que se han que conocer modelos de *management* que tengan validez científica si se quiere tener una buena capacidad predictiva, de lo que funciona y no funciona, a medio y largo plazo.

Ricardo Hernández llegó entonces a la conclusión de que no todas las empresas necesitan lo mismo ni en el mismo momento, por mucho que se parezcan, lo que le llevó durante unos años a hacer un estudio en profundidad de 35 grandes causas de deterioro del rendimiento empresarial para poder identificar rápidamente dónde actuar en las primeras fases de intervención en un «*turnaround*». «Entonces investigo y llevo el análisis a descubrir qué causas concurren de las que subyacen al deterioro empresarial y averiguo qué está provocando que esa empresa muera».

Alex Osterwalder de la Universidad de Lausana había identificado con anterioridad cuatro grandes categorías de «muerte empresarial» y Ricardo descubre que si montaba sus grandes causas sobre las categorías que este autor había identificado todo cobraba un mayor sentido. «Si soy capaz de diagnosticar antes por categorías para irme después a la causa subyacente, encuentro como resultado el desarrollo de la línea de creación de valor. Si estas son las cuatro grandes categorías, que vienen de estas causas, se evidencian entonces tres grandes riesgos: el riesgo de mercado, el riesgo de organización y tecnológico, y el riesgo de gestión y talento. Con lo que empiezo a diseñar modelos y mi investigación comienza a dar frutos al construir un modelo que, conceptualmente, te permite ir a cada parte de la empresa con una velocidad en la gestión de la recuperación empresarial tremenda». Porque «uno de los mayores secretos en los procesos de crecimiento y recuperación empresarial son la velocidad y el foco».

En el diseño de sus modelos Hernández estudia qué causa la muerte empresarial, qué causa el deterioro del rendimiento y qué causa el crecimiento. Utilizando un símil médico, detecta los síntomas para diagnosticar la enfermedad y recetar el tratamiento adecuado para que sane.

Existen dos modelos de análisis muy exhaustivo: el *consourcing*, muy riguroso, y la línea de creación de valor, que es más conceptual y que permite ir mucho más rápido al diagnóstico en las sesiones de estrategia con el cliente. A partir de ahí, lo que hay son modelos conceptuales y métodos de transformación empresarial.

Según Hernández existen cuatro categorías de elementos que conforman lo que él llama una ventaja competitiva en una determinada actividad. Estas son: (P) Procesos, (K) *Know how* (la combinación de conocimiento, capacidad, habilidad, comportamiento), (OR) Organización y recursos, y (HS) Herramientas y Sistemas. «Si tú detectas en la cadena de valor del cliente qué actividades son las constitutivas de un valor superior, bien por diferenciación, bien porque ahorran costes, automáticamente entiendes cómo embeberlas en el modelo de negocio y qué tienes que cambiar en cualquiera de esas cuatro categorías para conseguir un rendimiento superior».

* * *

Ricardo Hernández define tres tipos de riesgos diferentes que es necesario disminuir sin pérdida de tiempo: el de mercado, el organizativo y tecnológico, y el riesgo en la gestión del talento.

«La gestión del talento es para mí la parte más emocionante de todas. Consiste, como dice Javier Fernández Aguado, en conseguir 'que la gente quiera hacer aquello que tiene que hacer', que es liderar». Para liderar me habla de tres grandes herramientas *ethos*, *logos* y *pathos*. *Ethos*, los hábitos desde el punto de vista de nuestro comportamiento. *Logos*, la palabra vista desde la comunicación, el razonamiento. Y *pathos*, desde el punto de vista de la emoción y los sentimientos. Todas ellas se resumen en una combinación de habilidades que tenemos como seres humanos para llegar a otros seres humanos. Cuando las aplicamos de manera ordenada, entendiendo cuáles son las causas que subyacen para que otra persona quiera hacer aquello que tiene que hacer, rápidamente somos capaces de tocar esos puntos de contacto que hacen que las personas eleven su rendimiento.

En cuanto a la forma de aplicar la metodología de la Línea de Creación de Valor nos dice: «Una vez que tengo claro el riesgo de mercado (qué quiere mi cliente y qué tengo que ofrecerle para que ayudarle a cubrir su necesidad), paso a centrarme en definir el riesgo organizativo y el tecnológico, o sea la estrategia (qué tengo que hacer en la empresa para que lo que ofrezca sea justo lo que el cliente me ha dicho que quiere). Cómo ya sé qué es lo que tengo que hacer en la empresa, me voy más atrás y me digo: si esto es lo que tengo que hacer, ahora hay que dar a cada empleado la descripción de su puesto de trabajo y que conozca cuáles son sus tareas, ¿qué conocimientos, habilidades, comportamientos y capacidades debe tener esa persona para cumplir con ellas?».

Una vez definido lo que hay que hacer entra en juego el riesgo de gestión del talento: que la gente haga lo que tiene que hacer.

«Es este último proceso que aborda el riesgo de gestión del talento, lo que me llevó a desarrollar un modelo de análisis de recursos humanos que, a través de diferentes herramientas de análisis, alguna desarrolladas por mí y otras que ya existían, permite entender, desde un punto de vista teórico, las capacidades; y desde el punto de vista neurocientífico de las inteligencias múltiples, cómo generar sinapsis neuronales. Esto último es importante porque a veces contratamos a personas brillantes en determinados campos con una seria falta de capacidad para algunas otras cosas».

Una vez que se tienen los conocimientos y las capacidades definidas dice Ricardo que hay que entender varios elementos base. Para empezar, las habilidades, que son fruto de la experiencia: «A veces queremos contratar a gente que tiene los conocimientos y las capacidades, pero que no ha tenido la oportunidad de desarrollar habilidades porque les faltan horas de trabajo. Si descomponemos la habilidad nos encontramos con que es fruto del conocimiento, la capacidad y el comportamiento. Este último es fruto de la voluntad, y la voluntad es producto de la responsabilidad personal. La responsabilidad depende del grado de autoconciencia que tenemos sobre algo, de nuestra capacidad de imaginar, de los conocimientos, de nuestros recuerdos, nuestra cultura y la educación. Todo ello unido nos permite visualizar un resultado y crear nuevas alternativas para ese resultado».

Para continuar, las creencias. Einstein decía que 'la forma en la que vemos los problemas es el problema'. Por tanto, si necesitamos cambiar la forma en la que vemos el problema, es necesario cambiar la perspectiva. «Cuando cambias tu perspectiva, cambia tu paradigma de la cosa y, cuando cambia el paradigma, automáticamente la solución viene sola». A veces, para que alguien cambie su comportamiento tiene que cambiar bien su nivel de autoconocimiento, bien los elementos que conforman su capacidad imaginativa, bien sus creencias.

«La voluntad se asienta sobre dos ejes: la sensación de control sobre el resultado, el 'locus of control' que dicen los ingleses, nuestra percepción de control sobre el proceso que genera el resultado (que puede ser alta por ejemplo, un examen, o baja; la lotería sería un buen ejemplo). Esa sería una vertiente. El otro eje son expectativas de resultados». Cita a Fernández Aguado porque le abrió la puerta al conocimiento de los clásicos que tenía un poco olvidados y que tienen mucho que ver en esto de analizar la voluntad, pero también porque fue a través de sus lecturas como analizó a Julián Marías, quien habla de que 'el hombre vive de la ilusión, del futuro'. Esto le ayudó a construir este modelo de desarrollo de la voluntad con el que ayuda a los líderes a mejorar en sus tareas de *management*.

Fernández Aguado habla en uno de sus libros de que 'los líderes somos sembradores de ilusión' y Ricardo lo trae a colación porque «muchas veces es tan sencillo como que las personas no tienen sensación de control sobre el proceso. Cuando tenemos unas bajas expectativas de resultados sin poder hacer nada al respecto, perdemos la esperanza y nos desmotivamos. Por eso cuando entiendes muy bien, desde un punto de vista científico, qué causa qué y por qué, es muy fácil motivar a los demás. Existen tres grandes motivadores: básicamente, no los fastidies ni les conviertas el trabajo en penoso (factores higiénicos); dales realización, autonomía, responsabilidad y capacidad de crecer (factores de realización); y proporcionales herramientas de comunicación, elementos de persuasión, asociación social y autoridad (factores de convicción)».

Ricardo nos habla de la importancia del control en el liderazgo, y me cuenta que mide en cada una de las tareas volumen y calidad. El volumen mide el grado de implicación. La calidad mide el grado de habilidad y conocimiento teórico que se posee y la capacidad. Con el primero se mide el comportamiento, con la segunda los conocimientos, habilidades y destrezas.

Una vez analizados todos los resultados obtenidos de los parámetros que ha ido detallando se llega a saber si lo que es necesario aplicar es un modelo de gestión del cambio, un modelo de liderazgo o cambios en la estrategia. «La realidad es que, cuando se hace de una forma sistemática, al final la gente acaba por hacer aquello que queremos que haga».

* * *

Hernández discrepa frontalmente con la tesis generalmente aceptada del marketing de segmentación sociodemográfica y nos dice que «una cosa es la estrategia y otra muy distinta cómo generas valor». Según Ricardo la unidad de análisis del marketing no debe de ser el cliente sino la tarea que este intenta realizar cuando decide adquirir un producto o servicio.

«Hoy sabemos a ciencia cierta que las características del cliente tienen poco o nada que ver con los motivos reales por los que compra». Theodore Levitt hablaba hace muchos años en un artículo sobre que la gente no compraba taladros de cinco centímetros, sino agujeros de 5 cm, porque su necesidad no estaba en poseer un taladro, sino en disponer de un agujero de 5 cm que le permitiera dar solución a una tarea. «Cuando entendemos bien la tarea, los contextos en los que se produce y los elementos esenciales de cómo se resuelve, la podemos definir muy bien, proceso a proceso, y somos capaces de producir valor y hacer innovación *ad hoc* para ese proceso con claridad. La innovación deja de ser un proceso probabilístico y se convierte en proceso científico del que podemos esperar un resultado concreto».

En esto consiste la teoría de los '*Jobs to be done*' impulsada por A. Ullwick y desarrollada por C. Christensen, en entender las tareas a las que se enfrenta el cliente desde el momento en que se le presenta la necesidad hasta la utilización del producto final. Sobre este marco de pensamiento estructura Ricardo la Línea de Creación de Valor en la fase inicial de riesgo de mercado, que nos permite averiguar qué hay que producir para el cliente porque hasta ahora, según él, el foco del análisis estaba puesto en elementos que tienen muy poco que ver con cómo se crea ese valor.

Como ejemplo me cuenta que McDonald's se enfrentó en un momento a la necesidad de potenciar su gama de batidos que llevaba muchos años sin crecer. Después de realizar varios estudios se dieron cuenta de que el problema no era el batido en sí, sino que el pico de venta se producía entre las 6 y las 8 de la mañana porque el cliente lo tomaba camino al trabajo y no entraba por miedo a llegar tarde. El batido satisfacía su necesidad de alimentación, pero la forma de adquirirlo no satisfacía su necesidad de no perder tiempo. Encontraron la solución poniendo máquinas expendedoras automáticas a la entrada de los establecimientos y consiguieron aumentar un 25 % sus ventas. Cambiando la forma en que veían el problema (enfocándose en la tarea) cambió radicalmente la forma en que debían orientar las soluciones para, en definitiva, generar valor para el cliente.

«La forma en que creas valor no te la dice tu producto ni tu cliente; te la dice la tarea que tiene que resolver el cliente». Se puede crear valor de muchas maneras: aportando seguridad, mayor prestigio o riqueza, aportando educación, añadiendo una experiencia…, o puedes ayudar a que la gente realice su tarea de forma más eficiente, más rápida o flexible. Y es necesario entender cuánta gente hay que necesita resolver esa tarea y cuánto está dispuesto a pagar por ello. «Una vez que conoces todos estos parámetros, es el momento de definir la estrategia, que puede ser diferencial, dominante, disruptiva o discrecional».

«A las empresas les queda mucho por saber porque hay una distancia enorme entre lo que conoce sobre *management* la gran mayoría de CEOs y lo que ha descubierto la ciencia en los últimos años; el primer reto consiste en saber dónde subyace y cuáles son las causas para generar valor. Nosotros tenemos un metodología que aborda todo el proceso con 8 modelos, en la que, por ejemplo el método PREDI, que se encarga de resolver lo referente al conocimiento del cliente, permite entender cuáles son aquellas expectativas predecibles en el proceso de compra.

Cuando lo entiendes y una vez lo aplicas por primera vez, cambia radicalmente tu perspectiva del negocio porque eres capaz de determinar exactamente cómo puedes generar valor: conoces a tu competencia y tus capacidades, y defines cuál es la estrategia más adecuada para ti; en definitiva, la innovación pasa a ser proceso científico».

Como colofón, para aquellos que teman que la tecnología pueda llegar un día a sustituirnos, Ricardo Hernández lo deja claro: «El ser humano dejará de hacer unas cosas para hacer otras, pero siempre aportará más valor que cualquier máquina en determinadas cosas».

«PONER EL FUTURO EN LA AGENDA DEL PRESENTE»

XAVIER MARCET GISBERT

Sobre Xavier

Xavier Marcet es consultor en estrategia, innovación y transformación con una amplia experiencia internacional. Lidera Lead To Change, una consultoría *boutique* fundada en 2002 con la que trabaja con empresas de toda dimensión a nivel internacional. Es profesor de la Barcelona School of Management (UPF-Barcelona). Es presidente fundador de la Barcelona Drucker Society, un movimiento en torno a la humanización del *management* y las empresas. En los últimos 15 años y en su faceta de emprendedor ha creado o ha sido miembro del equipo fundador de diez empresas entre las que destacan Worldcoo, Seastenible, Zertifyer y 8 Wires.

Es colaborador de La Vanguardia con artículos sobre *management* con un enfoque humanístico y de la revista digital Sintetia. com. Ha escrito diversos libros, *Cosas que aprendemos después* (Plataforma Editorial, 2010), *Innovación pública* (RIL Editores, 2013), *Esquivar la mediocridad* (Plataforma Editorial, 2018), *L'impacte de la intel·ligència artificial a les empreses* (2020, editado por la Generalitat de Catalunya), *Crecer haciendo crecer* (Plataforma Editorial, 2021).

https://xaviermarcet.com/

Cuatro preguntas en primera persona

¿Cuál es su definición personal del management?

El *management* es una herramienta para hacer que las organizaciones alcancen su propósito.

Existe un debate muy grande sobre si el *management* es una ciencia o es un arte. Yo creo que es una herramienta de la que disponemos, hecha de metodología, sobre todo de liderazgo, que nos permite manejar comunidades e intentar que las organizaciones alcancen un rumbo con sentido.

¿Cómo se define?

Ante todo, me siento un consultor vocacional. Soy una persona que intenta ayudar a las organizaciones a avanzar. Esto quiere decir que, básicamente, me siento alguien que disfruta trabajando con personas y, sobre todo, que ha intentado tener un hilo conductor a lo largo de su vida, que ha sido aprender.

Un personaje, real o ficticio, que haya influido de manera notable en usted

Claramente, una persona a la que no he conocido, que es Peter Drucker. Ha sido quien más me ha inspirado en mi trabajo, aunque va más allá, y es una inspiración de vida. Sin ninguna beatificación, creo que es la persona que más ha influido en mí.

Y también me ha inspirado Paco Solé Parellada que, en muchas cosas, ha sido mi maestro.

Tres recomendaciones: un libro, una película y un lugar que visitar que tengan un significado especial para usted

El libro que seguramente más me impactó fue *Memorias de Adriano* de Marguerite Yourcenar (1951), porque creí degustar la sabiduría a través de la literatura. Creo que es, simplemente, un homenaje a la sabiduría.

En cuanto al lugar, no tengo dudas. Es la montaña donde voy a caminar todos los domingos cuando estoy en casa. Es el parque natural de San Llorenç del Munt y la Serra del Obac. A este lugar iba mi abuelo, iba mi padre, voy yo… Es mi patria.

Respecto de una película, me cuesta elegir una, la verdad. Yo soy de la cuna que soy, fruto de mi época, y quizá diría cualquier película de John Ford. *La diligencia* (1939), por ejemplo, pero me serviría cualquier otra de este director.

Conversando sobre su pensamiento

Cuando aúnas propósito y agilidad «sucede que eres capaz de dar sentido y a la vez tener resultados. Esto no es nada fácil porque puedes tener resultados sin sentido o tener mucho sentido, pero sin resultados. Cuando incubas propósito y agilidad consigues tener las dos cosas: resultados con sentido». Los resultados alcanzan sentido cuando son positivos en términos económicos o cuando a esos resultados económicos se le añade un impacto social.

«El futuro se come a mordiscos». Ciertamente es imposible comerlo de golpe. Pocas veces se produce un tsunami que lo cambie todo, «los mordiscos son las oportunidades concretadas». Pero tampoco es suficiente ni fácil levantar oportunidades. «Creo que el *management* es lo que nos ayuda a concretar esas oportunidades. Esto lo he vivido muchas veces en mí mismo: la capacidad de definir oportunidades, pero la incapacidad para concretarlas. Y el futuro son las oportunidades concretadas».

Dice Xavier Marcet que lo primero que hay que hacer para definir las oportunidades es levantar la cabeza, «en general, las oportunidades las vemos sacando la cabeza por la ventana, mirando lo que pasa en el mundo»; y que el segundo paso consiste en identificar qué valor está detrás de esa oportunidad, para quién vas a crear valor o cómo tú mismo vas a capturar valor. Pero que lo más difícil de conseguir es que la oportunidad llegue en el momento oportuno. «Creamos muchas oportunidades a destiempo y el momento es algo fundamental en el *management*. Muchas veces las innovaciones fracasan porque no están en su momento; van quince pasos por delante en lugar del medio paso que necesitamos. Es muy importante no solamente definir el valor sino encontrar el momento».

* * *

Cuando le pregunto acerca del liderazgo me contesta en primer lugar que ya está cansado de ponerle adjetivos; aun así, me ofrece su definición: «Para mí el liderazgo es un conjunto de influencias que nos permiten avanzar con otras personas, positivamente y de manera sincronizada, hacia una visión».

Ciertamente, la máxima expresión del liderazgo es conseguir que las personas saquen su mejor versión y, en esto, son muchos los autores que coinciden. Pero hay una faceta que le impresiona profundamente y es el de la gente que es capaz de sumar grandes ambiciones referidas a sus empresas y sus proyectos, pero que a la vez son capaces de mantener una humildad personal sincera. «Esta suma de ambición y humildad es la mejor parte del liderazgo que he conocido».

* * *

«Siempre he intentado diferenciar entre empresas y negocios. Los negocios son una habilidad para concretar una serie de operaciones lucrativas, pero las empresas son otra cosa».

Para Marcet las empresas son una comunidad de personas reunidas alrededor de un propósito que tiene que conseguir dos cosas a la vez: crear valor corporativo, porque si no lo crea simplemente cierra, y crear valor social. Afortunadamente, parece que cada vez hay más empresas que están en esta lógica, y Xavier, con su trabajo, intenta que el número vaya aumentando. Tampoco hace falta pedirles a las empresas que arreglen el mundo ellas solas sino, simplemente, que tengan una enorme responsabilidad sobre la actividad que realizan con respecto a sus personas, su entorno y el medioambiente. Siempre le gustó la frase de Peter Drucker que dice: 'No hay empresas sanas en sociedades insanas'.

Cuando una empresa comienza su actividad lo primero que quiere y necesita es sobrevivir, pero, a medida que va consolidándose, tiene que prepararse para asumir la visión social porque «tener una empresa y hacerla crecer es una enorme responsabilidad social y hay que ser consciente de ello».

Este concepto a veces no se entiende porque vivimos en una sociedad que presta más atención a la parte de negocio y a los comportamientos menos solidarios de las empresas. La experiencia de Marcet es que existen muchas empresas que transitan con una enorme responsabilidad social, tanto que ha decidido dedicar su tiempo a este tipo de empresas y ha resuelto utilizar sus canales de comunicación para reivindicarlas.

Este es un problema que planea a lo largo de todo el libro, el de la comunicación. Habría que prestar mucha más atención a aquellas empresas que lo hacen bien, hablar sobre ellas, contar su experiencia, para que sirvieran como motor de tracción, como un espejo en el que se refleje aquello que podrían llegar a ser. De hecho, Marcet escribió un libro sobre el tema, *Esquivar la mediocridad* (Plataforma Editorial, 2018), en el que defiende la autenticidad. «Sin autenticidad todo es mediocre», e incluyo en esta aseveración cualquier estrategia de comunicación.

Me habla de la película *El buen patrón* (Fernando León de Aranoa, 2021) que, como película le gusta, «pero es que las empresas que yo conozco, y conozco muchas, no tienen el cinismo que hay detrás de esto. No digo que sean perfectas, que no tengan cosas que mejorar, pero veo mucha más responsabilidad de la que habitualmente nos encontramos y esto hay que explicarlo». No es que no existan empresas que solo se muevan por intereses, pero existen otras muchas que son capaces de combinar el respeto a las personas, su capacidad para generar valor y, finalmente, una gran responsabilidad social.

* * *

«La innovación es crear valor para alguien con nuevas soluciones y que este valor tenga impacto». Asegura Marcet que no existe innovación sin impacto y que es precisamente en lo que ha venido trabajando durante los últimos quince años.

«Ha habido una etapa en la que la innovación era muy cosmética, muy retórica. Ahora estamos en otro momento». Según un estudio que el mismo Xavier Marcet ha realizado, en la actualidad un tercio de las empresas continúa en la etapa anterior, es decir, en la retórica; un tercio de empresas está intentando hacer cosas, pero no obtiene resultados porque innovar es algo realmente difícil; y un tercio está empezando a ver resultados. «Si se mira en global, solamente he encontrado un 10 % de empresas que realmente están teniendo mucho impacto con la innovación».

«La innovación es el esfuerzo por poner el futuro en la agenda del presente». Es una forma de intentar defender la continuidad de una empresa. «Innovamos no por una moda sino, básicamente, por un concepto que para mí ha sido muy importante, tanto que he tratado sobre él en mi último libro, que es el de la consistencia. Innovamos porque queremos evolucionar con nuestros clientes, pero yendo medio paso por delante».

Innovación y transformación no son sinónimos. La innovación en la mayoría de los casos tiene que ver con crear un valor nuevo, responder a los problemas, a las necesidades o a las aspiraciones de alguien. La transformación trata más de cómo somos capaces de reorganizar nuestros negocios, nuestras empresas o las estructuras de nuestras organizaciones. «Hay un elemento fundamental que define la transformación y es que somos personas en transición».

Si hay mucho bullicio, mucho ruido, pero no hay una transición real donde las personas hagan cosas distintas y tengan relaciones y agendas distintas, lo que tendremos en realidad no es una transformación sino un PowerPoint, y cambiar un PowerPoint es fácil (el símil es cosecha de Marcet). Transformar es dejar de hacer unas cosas, hacer otras de un modo distinto e incorporar algunas nuevas, todo a la vez. A veces innovación y transformación se aproximan mucho porque determinadas innovaciones requieren determinadas transformaciones, pero no es lo mismo. Lo que sí comparten es el sujeto protagonista, que son las personas. «Ni las máquinas innovan, ni las máquinas se transforman; los únicos seres que tienen capacidad para transformarse son las personas, quizá de acuerdo con las innovaciones, quizá de acuerdo con la tecnología, pero las personas somos el único sujeto que se transforma. Lo demás son estructuras».

Lo más difícil de todo es cambiar culturas, cambiar comportamientos y aprender a desaprender. «Necesitamos verdaderos ecosistemas de aprendizaje». Los primeros ecosistemas los encontramos en la familia y en las escuelas. Pero con este último tenemos un gran problema y es el hecho de que como país lideramos uno de los peores *rankings* que se pueden liderar que es el del abandono escolar, una circunstancia que influye de manera significativa en el futuro de la gente. Después llega el ecosistema de la universidad y, por último, el de las empresas, sobre todo por su relación con el mundo universitario y con las escuelas de negocios. «Cuando la cultura de una empresa se expresa en que trabajar significa dar resultados, adaptarte y aprender, se convierte en un gran ecosistema de aprendizaje». Precisamente este es uno de los grandes problemas de la gente que pierde su trabajo, que se queda sin ecosistema de aprendizaje y tiene que hacer un gran esfuerzo personal para encontrar espacios donde desarrollarse y mantenerse actualizado, en un intento por continuar siendo competente profesionalmente.

«Una de las cosas más importantes que debemos entender en la vida es que el aprendizaje y mantenerse en un ecosistema que te lo permita es algo fundamental. Necesitamos políticas públicas para frenar el fracaso escolar, que es algo que nos lastra como país, y ofrecer ecosistemas de aprendizaje a aquellos que lo necesitan, porque han perdido su trabajo o porque quieren reorientar su vida profesional. Pero luego hay que ser muy claro y rotundo: no es lo mismo formación que aprendizaje».

Dice Marcet que para formarse puedes ir a clase, pero que aprender es una decisión personal y que, operativizar lo que se aprende, es una decisión personal aún más difícil. «Hay que decir las cosas claras y aquellos que no tienen el aprendizaje como hilo conductor de su vida renuncian a muchas oportunidades». Queda otro punto importante en esto del aprendizaje, que no solo se lo he oído a Marcet, y es el hecho de que el día que se deja de tener interés en aprender envejeces de golpe. El aprendizaje es muy importante en términos de cultura: cultura país, cultura empresa, cultura universidad y, por tanto, cultura persona. «El aprendizaje es absolutamente necesario, sobre todo en el mundo en el que vivimos, donde una permanente sobredosis de tecnología nos fuerza constantemente a reposicionarnos para continuar aportando valor. Esto es un elemento clave».

* * *

Hablamos continuamente de liderazgo, talento, innovación o diversidad. A estos conceptos de rabiosa actualidad hay que sumar el emprendimiento. Se habla mucho sobre el tema, pero en España la preparación para emprender es una asignatura todavía pendiente. Le pregunto acerca de cómo podemos salvar este *gap*. «Proyectando ejemplos. Creo que una de las mejores formas que tenemos de comunicar en la vida es proyectando ejemplos y haciéndolo positivamente». Y continúa «emprender es decidir tomar el futuro en tus manos. Es decidir que vas a desarrollar un proyecto en el que asumes tu responsabilidad, tanto si triunfas como si fracasas. El problema es que no todo el mundo está dispuesto a asumir responsabilidades». Ahora bien, emprender es algo que hemos hecho toda la vida, solo que ahora le damos más importancia. «Yo vengo de una ciudad industrial y de una familia emprendedora, y no entiendo cómo la sociedad puede fomentar tanto el emprendimiento cuando luego, cuando el emprendedor se convierte en empresario, lo machacamos. Hay una cierta hipocresía social aquí detrás». Marcet trabaja mucho con *startups* y con emprendedores y les cuenta que lo más importante es tener clientes, no rondas de financiación, porque lo primordial es saber crear valor para alguien. Se puede ser un emprendedor innovador o un emprendedor en cosas que ya existen, pero haciéndolas de otro modo. Defiende que las sociedades son distintas cuando tienen un elevado número de emprendedores por metro cuadrado. «A nosotros nos queda camino, pero no quiero ser pesimista. Cada vez hay más lugares en España convertidos en núcleos dinámicos de emprendedores. Encuentro mucha energía emprendedora en Barcelona, Madrid, Valencia Málaga o Bilbao. Esta es una de las mejores versiones de nuestra sociedad y tenemos que explicarlo con ejemplos».

Pero los ejemplos que hay que explicar no tratan de aquellos que se hacen ricos en cuatro días. Eso es otra cosa. «Son la gente que es capaz de levantar un proyecto de hacerlo crecer y de conseguir que tenga un impacto primero económico y después social. Son los que crean una comunidad de personas que viven gracias a ese proyecto, los que consiguen tener un impacto social. Estos son los héroes. No tengo nada contra los que crecen rápido; creo que tienen un mérito extraordinario y también son buenos ejemplos, aunque de otra manera. No es obligatorio que se conviertan en nuestros Zuckerberg locales».

En este momento me asalta la duda y le pregunto acerca de qué es el éxito. «Lo voy a explicar con una frase corta: el éxito es conseguir estar por encima de las pretensiones y esquivar la mediocridad». Nada más que añadir.

* * *

Quiero saber acerca del papel que juegan las preguntas en la resolución de los problemas y si es cierto que a veces no encontramos la solución porque no formulamos la pregunta correcta. «¡Esto es otra liga! Necesitas toda una vida para aprender a preguntar». Como no podía ser de otra forma, Marcet respeta a todo el mundo, pero me comenta que a veces le gustaría que no se banalizara el *coaching*, que tan de moda está. «Viendo la experiencia de la gente a veces pienso que o son muy buenos y han aprendido muy rápido a preguntar, lo que me sorprendería, o simplemente repiten recetas. Estamos hablando de otra cosa, de gente con sabiduría. La gente con sabiduría sabe aunar cuatro cosas: tiene conocimiento profundo, sabe darle sentido, mantiene la humildad y sabe preguntar».

Aprender a preguntar trae además aparejada otra gran virtud, oculta en la otra cara de la moneda: aprender a escuchar lo que no te dicen.

* * *

Xavier Marcet defiende que existen tres palancas de crecimiento: el propósito, el hambre y el talento.

El propósito se va transformando a medida que pasa el tiempo. Cuando se empieza una empresa el propósito principal es sobrevivir y después llegan metas más altas, cuando una empresa pierde el propósito da bandazos, se pierde en el laberinto.

Hay que tener hambre para vender, vender y vender. «Las empresas son muy sencillas. Las complicamos los consultores. Una empresa es producir, vender y cobrar con margen. Así de sencillo. Y cuando una empresa pierde el hambre lo pierde todo».

«El talento es gente que da más resultados que excusas. Son personas que saben aunar tres cosas: dar resultados, porque saben combinar bien sus conocimientos y sus competencias; saben adaptarse, y no una única vez en su vida, sino que transitan en modo adaptación; y saben trabajar con los demás. Por descontado que, si hay mucho talento, pero no sabe trabajar con los demás no tienes un ecosistema sino un 'egosistema', y un 'egosistema' es más débil que un ecosistema cuando se trata de adaptación».

Planificación + innovación + aprendizaje = consistencia es la tesis que Marcet defiende en su último libro, *Crecer haciendo crecer*.

«Una empresa es como un circo de tres pistas en el que pasan tres cosas a la vez. Una: intentas tener una estrategia y planificarla para vender lo que tienes en tu portafolio para vender y con eso pagas las nóminas. Dos: al mismo tiempo tienes que saber adaptarte a un mundo que cambia, y aquí tanto la innovación como la transformación juegan un papel importante. Tres: las cosas las hacen las personas con lo que, si no eres capaz de generar una lógica de aprendizaje que nos permita a todos avanzar, las cosas se descuadran».

Ninguna organización debería permanecer anclada al presente, aunque le vaya muy bien. Es necesario mantener una capacidad de adaptación constante y que las personas tengan el aprendizaje como hilo conductor en sus vidas. «Esto también está muy vinculado a mi concepción de que dirigir quiere decir, básicamente, tener tres miradas a la vez: la ejecutiva para dar resultados; la directiva para poner el futuro en la agenda del presente (porque dentro de 20 años seguirás queriendo obtener resultados); y la del liderazgo, porque necesitas generar esa lógica de influencia positiva que permita aprender y avanzar juntos».

Casi en cada cuestión sobre la que hablamos planea la figura de la persona como eje fundamental sobre el que se asienta prácticamente todo. En casi cualquier ambiente sobrevuela en el aire la preocupación por la llegada de la inteligencia artificial, por la dictadura de los datos. En ese futuro que debe estar en la agenda del presente, quiero saber cuál es la visión de Xavier Marcet acerca de todo esto que parece lejano cuando en realidad ya está aquí.

«Vamos a entrar en una etapa nueva del *management*, que no será la sustitución de las personas por las máquinas. El reto está en hacer una ecuación entre personas y máquinas que se decante a favor de las personas. Todo lo demás es una insensatez». Necesitamos dotar a las personas de más herramientas y una de esas buenas herramientas es la inteligencia artificial, pero no para sustituir a las personas. «Todo lo que he escrito sobre la suma de inteligencias ha sido para defender este axioma, porque para mí se trata de un axioma».

Xavier Marcet escribió hace algún tiempo un libro (me explica que solo se encuentra en catalán porque la Generalitat lo repartía entre las empresas), en el que alguien como él, que tiene una formación humanística, explicaba el impacto que la inteligencia artificial iba a tener en las empresas. Se trataba de que otras personas sin formación tecnológica, como es su caso, pudieran hacer ese mismo itinerario y ver realmente el impacto que va a tener. «No soy tan pesimista como algunos de los libros que leo, pero esto va a tener mucho impacto y tenemos que estar preparados. Creo que mi labor es defender el *management* humanístico, el de Peter Drucker, el que aprendí de Charles Handy, y de muchos empresarios con los que me he encontrado desde hace muchos años. El *management* humanista da resultados, pero no de cualquier modo. No desplazando a las personas sino siendo capaces, como hemos hecho siempre, de combinar personas y máquinas, sin olvidar que lo único que da equilibrio a la sociedad es precisamente la capacidad de que las personas puedan trabajar dignamente».

«No podemos hacer un discurso buenista del *management* humanista si luego las empresas no son competitivas. Solo funciona en empresas muy competitivas que sepan poner a las personas en el centro. A esto vale la pena dedicarle todos los esfuerzos. Este es mi compromiso y lo que quiero hacer en los próximos años».

«TALENTO LIBRE»

JOSEP
CAPELL
GUIU

Sobre Josep

Este balagariense es el actual CEO de CEINSA y hace más de 20 años que se dedica a la consultoría estratégica en gestión de personas. Ha desarrollado su carrera profesional entre el

Principado de Andorra, Barcelona y Madrid. Forma parte de Top Ten Managers Spain y es miembro fundador de CAMTO (Centro Avanzado de Métricas de Desarrollo del Talento Organizativo).

Fue considerado una de las diez personas de referencia del *management* en España en la segunda edición de «Los imprescindibles del *management*». Actualmente es profesor en el Máster de Dirección de RRHH de la UAM, en el MBA Executive de la UPV/EHU y en Galicia Business School. Conferenciante en diferentes foros y escuelas de negocios, colabora como experto en capital humano en diferentes organismos públicos y escribe artículos técnicos y de opinión en revistas especializadas como Ejecutivos, Observatorio de RRHH, Equipos &Talento, Dirigir Personas o Capital Humano (en la que es Responsable de contenidos del área de Compensación).

Desde CEINSA, Josep ha promovido la creación de goUP, plataforma en línea para el desarrollo de habilidades para directivos. Basada en *microlearning*, mediante píldoras de vídeo, goUP incluye *masterclasses* de grandes expertos en *management*, pensadores actuales y profesores universitarios.

En 2022, Josep Capell ha recibido el premio Javier Fernández Aguado «por su búsqueda de la excelencia profesional basada en el pensamiento de Fernández Aguado».

En Aprender a gobernar de los mejores (Biblioteca CEINSA, 2021), Capell proporciona pistas para afrontar las cuestiones que surgen en el día a día de las organizaciones a la hora de tomar decisiones. Y lo hace analizando la obra de treinta y uno de los pensadores más notables de la historia de la Humanidad.

http://ceinsa.com/

Cuatro preguntas en primera persona

¿Cuál es su definición personal del management?

Para mí es el conjunto de habilidades y características que necesita una persona para liderar de manera satisfactoria un proyecto.

Creo que hay tantos estilos de *management* como personas, y variará en función de las particularidades de cada uno. Abarca todo lo que un sujeto necesita en cuanto a actitudes, *soft skills* o conocimientos para poder liderar un proyecto, una empresa o un equipo dependiendo del nivel jerárquico y de las características de cada uno. Quizá sea una definición muy general, pero es clara y sencilla, y para mí resume todo el significado de *management* sin utilizar muchos adornos o palabras rimbombantes.

¿Cómo se define?

Me gustaría que mi epitafio recogiera que soy una buena persona, y creo que esa es una de las características que más me definen en la vida. Soy ambicioso, me gusta hacer las cosas bien, pero también me gusta poder dormir tranquilo por la noche y ayudar a la gente cuando puedo. Todos estos rasgos que me definen también me ayudan a gestionar una empresa con la que no pretendo hacerme rico mañana, sino contribuir a conseguir una economía sostenible.

También soy un apasionado de la vida porque creo que solo hay una manera de pasar por ella: disfrutando. Hay que disfrutar tanto del camino como de la meta y soy un eterno optimista que continuamente intenta encontrar el lado bueno de las personas y de las cosas.

Creo que también es importante que diga que soy una persona que se adapta a las circunstancias y a la gente. Esto quedó marcado desde la cuna porque tanto mi padre como mi madre me educaron en que se tiene que ser feliz comiendo un bocadillo de tortilla con el portero de tu casa, de la misma manera en que hay que saber disfrutar de un restaurante de lujo con un presidente o director general de una gran empresa; durmiendo en un gran hotel, o en una pensión. Esto lo he sabido hacer a lo largo de mi vida y creo que, al final, es lo que define la felicidad.

Son estas tres cosas las que mejor me definen: disfrutar siempre, hacer las cosas con pasión y ser buena persona. Y esto último, para mí, se concreta en entender siempre la posición del otro, ser muy empático, reconocer que hay muchas tonalidades de grises, que las verdades absolutas no existen y que en la vida lo que te vas a llevar al final son amigos.

Un personaje, real o ficticio, que haya influido de manera notable en usted

A lo largo de mi vida ha habido diferentes personajes que han influido sobre mí y creo que sería injusto nombrar solo a uno. Además, soy de los que creen que absolutamente todo el mundo tiene sus puntos fuertes y sus áreas de mejora y, por tanto, intento aprender de todos ellos.

En la niñez me marcó mucho mi familia. Somos lo que vemos desde pequeños y esos valores te marcan. Luego, a lo largo de mi vida, he aprendido de la gente no tan profesional, de la calle, como de los buenos profesionales. En los libros, en la universidad, en la escuela, aprendes lo bueno, pero lo malo lo tienes que vivir. Curiosamente tendría que hablar de un personaje del que aprendí mucho, pero no lo voy a hacer porque aprendí por lo mal que lo hacía.

Pero para ser justo tengo que citar a dos. El primero es Manuel Osorio, fundador de CEINSA, porque fue quien me dio la posibilidad de entrar en la empresa, convertirme en socio y crecer. El segundo, porque me abrió todas las puertas y ventanas y me aportó una manera diferente de ver las cosas, es Javier Fernández Aguado. Además, me enorgullece considerarlo un gran amigo.

Tres recomendaciones: un libro, una película y un lugar que visitar que tengan un significado especial para usted

Empiezo por la película y voy a elegir, aunque pueda parecer una tontería, *Indiana Jones: en busca del arca perdida* (Steven Spielberg, 1981). Llegó en un momento y a una edad en la que las aventuras eran algo importante y, quizá, para una persona como yo que soy muy reflexivo y pienso mucho las cosas, lo que le pido a una película es que me entretenga y sea fácil. Quizá simplemente significó un espacio. Podría decir cosas muy profundas y decir que muestra a un profesor que se focaliza en sus objetivos y los persigue hasta el final, pero, siendo sincero, eso serían fantasías de ayer y de hoy, y hay que elegir lo que de verdad uno siente. Para mí el cine tiene que formar parte de tu capacidad de dispersión y de distracción, y yo lo que busco es pasar un rato agradable, divertirme y luego ir a celebrarlo tomando algo con las personas con las que has ido.

Continúo con el lugar. Para mí lo importante no es tanto un lugar en concreto sino la persona con la que lo compartes. Si estuviera en el lugar más maravilloso del mundo, pero no estuviera la persona adecuada conmigo, no lo disfrutaría, porque creo que se trata de un cúmulo de circunstancias. Eso no quiere decir que no disfrute también de la soledad. Durante mucho tiempo, cuando viajaba, me levantaba a las cinco de la mañana y me iba a caminar solo por la ciudad en la que estaba. Íbamos los borrachos, los de la limpieza y yo, y me encantaba.

Si tuviera que elegir una ciudad para jubilarme posiblemente sería París. Soy un enamorado del centro de París, por mis ascendientes, quizá, y por hablar francés. Pero también es verdad que después he conocido rincones donde no me importaría perderme. Con la edad he ido evolucionando y hoy por hoy no me movería de Barcelona por ningún concepto. Vivo en Barcelona y sin lugar a duda elegiría esta ciudad para vivir porque lo tengo todo: playa, tiendas, montaña, los amigos, la familia, está bien comunicada… No hace mucho precisamente se lo comentaba a un amigo. Si hace quince años me hubieran ofrecido ir a Singapur a trabajar habría ido gratis. Si hoy me ofrecieran una millonada para ir a Singapur me echaría a reír.

Me gusta más valorar lo que tengo que lo que no tengo y creo que lo más importante de un lugar es lo que vives allí y con quien lo compartes.

El libro. Quizá sorprenda, pero voy a elegir *Poeta en Nueva York* de Lorca (1940). Marcó mi juventud, quizá por el momento en que lo leí y por las cosas que representó, incluida la figura de Lorca. No lo entendía, pero sentía la necesidad de leerlo. Alguien tan práctico como yo leyendo poesía, no cuadraba. Abrió una ventana a un lugar donde yo no solía asomarme porque la sensibilidad no era algo presente en mí.

No es un libro de *management*, está claro, pero, curiosamente, cuando hace muchos años trabajaba en el *retail*, un consultor con el que coincidí me dijo que la gente a la que el gusta el *retail* tendría que visitar muchos museos y leer mucha poesía. Y lo defendía diciendo que la poesía demuestra los sentimientos y hacia dónde van las cosas, y en los museos ves las tendencias para después anticiparte y no ir tarde.

Poeta en Nueva York marcó mi adolescencia y siempre lo recordaré con cariño. Si solo pudiera salvar un libro de una quema sería este porque creo que debe pasar al futuro de la historia.

Conversando sobre su pensamiento

Como no podía ser de otra manera nuestra conversación comenzó hablando de personas y su desarrollo dentro de las organizaciones. El *expertise* de Capell en compensación le hace estar muy cerca de la organización y de la parte estratégica, pero defiende a ultranza el *win-win*, donde tiene que ganar la empresa, pero también tienen que ganar las personas. De este modo, al trabajar con talento, desarrollo o formación, accedes a la parte estratégica de las personas, pero también a la parte más humanista.

«Los departamentos de Recursos Humanos deberían ser pequeños y profesionalizados» y defiende que los verdaderos gestores de Recursos Humanos deberían ser todos aquellos jefes o directivos que tienen responsabilidad sobre otras personas, que son los que verdaderamente están cerca de la gente. «Aunque después se ha parado, hubo una tendencia hace muchos años que decía que los departamentos de Recursos Humanos deberían convertirse en departamentos de consultoría interna, y yo todavía lo entiendo así». Serían mucho más efectivos si externalizaran la mayoría de las funciones que no aportan valor, tuvieran una pequeña parte de KPI's de medición y acompañamiento, y dedicaran mucho tiempo a la sensibilización, a la formación y a definir las estrategias, pero llegando más abajo para que las personas que las aplicaran fueran las que están realmente cerca de la gente.

Por desgracia aún existen muchas empresas en las que el departamento de Recursos Humanos hace planteamientos como si fueran modas «sin tener en cuenta la realidad de la organización» y, mientras se continúe así, no dispondremos de empresas modernas.

Hace ya mucho tiempo que le oí decir por primera vez que «no se trata de pagar más sino de pagar mejor». Me cuenta acerca de algo que pasó en Estados Unidos. Los empresarios se quejaban de que les costaba captar y retener talento, un problema que aumentaba porque después de la pandemia la conciliación se había convertido en una necesidad. La respuesta del presidente Biden fue clara «ya sabéis lo que os toca, preparaos para soltar dinero». Y está muy bien pagar mucho, o al menos lo adecuado, pero el problema es que con mayor frecuencia la gente joven, además de un salario más o menos correcto que les permita cubrir sus necesidades, ya no están dispuestos a trabajar en según qué condiciones. Necesitan un algo más que los seduzca y ya no están por la labor de renunciar a una calidad de vida por obtener un salario y más si ese salario, es pequeño. «Se tiene que buscar cómo pagar, pero sin olvidar que la parte higiénica también tiene que estar presente, y ser una parte interesante para que les motive». Me permito aquí hacer una recomendación y es prestar un poquito de atención al modelo de recompensa total que han diseñado en CEINSA.

«Una de las primeras cosas que hacemos mal las empresas es hablar de retención del talento. El talento, por naturaleza, tiene que ser libre. Si lo retienes lo matas». Es imprescindible que las empresas aprendan a trabajar por proyectos y que entiendan que una persona no se puede quedar en tu organización toda la vida porque caería en la rueda del aburguesamiento y, seguramente, perderá su valor.

Al talento hay que ayudarlo a crecer, confiar en él, dejar que participe y opine y, por supuesto, ofrecerle una remuneración acorde. El talento se desarrolla mejor trabajando en el corto plazo, con objetivos de equipo más que individuales, para que no tengan sensación de control y de seguimiento. Hay que asumir que las organizaciones solo pueden aprovechar el talento mientras lo tienen, pero que no se puede retener a cualquier precio. Tanto es así que cuando una empresa compra una pequeña organización talentosa la deja respirar, sin tratar de reorganizarla o gestionarla de modo diferente, porque se ha empezado a entender que si la transforman la matan.

Hay que aprender a confiar en los jóvenes, que cada día están más preparados. Pero tampoco hay que olvidar al talento sénior, que poco a poco estamos aprendiendo a saber utilizar y que aporta muchísimo a cualquier organización. Tenemos que dejar de prostituir la palabra talento porque parece que cuando se menciona nos estamos refiriendo a un joven con unas ciertas habilidades tecnológicas. Sin embargo, olvidamos que hay muchísima gente de otras generaciones que aportan a las organizaciones tanto o más que un joven, por su compromiso, su estabilidad y su experiencia.

Tal y como me ofreció al comienzo de la conversación su definición acerca del *management*, me aporta ahora su definición personal del talento: «Para mí el talento es una persona que es capaz de desarrollar sus tareas de manera correcta y excepcional, y que posee un conjunto de conocimientos y habilidades que lo hacen idóneo para el puesto, pero que a la vez tiene un gran potencial para llegar a puestos superiores».

«El mejor consejo que puedo dar a las empresas en el tema de la compensación es que profesionalicen el modelo», así todo el mundo sabrá qué es lo que se espera de él y la recompensa que van a tener si cumplen con su cometido. Cuando se construye un modelo demasiado familiar acaba por reinar la desorganización. En el otro extremo, si lo construyes demasiado personalizado, de tan perfecto que es, se vuelve frío. «Los extremos son siempre peligrosos».

Josep se moja y trata a continuación un tema que no siempre es bien recibido: «Para mejorar los modelos de compensación la parte sindical de negociación tendría que evolucionar. Se tendría que pasar de una política igualitaria a una política equitativa».

«Se tiene que profesionalizar el modelo de gestión de las personas en las organizaciones, y esto pasa también por innovar en sus modelos de formación». El nuevo ritmo de vida hace necesario ampliar el horizonte de la formación. Novedades como el *microlearning*, mucho más ligero y divertido, pueden muy bien combinarse con sesiones clásicas, y las nuevas tecnologías tienen mucho que aportar. También aprovechar el talento sénior del que habíamos hablado antes con programas de mentoría que, a veces, aportan más en muchos sentidos que otro tipo de formaciones. Mezclar conocimientos externos con el aprovechamiento de los internos ya existentes se plantea como una inmejorable opción. «Se tiene que ser valiente y ser consciente de que todos los recursos que se dedican a la formación son una inversión y no una pérdida de tiempo».

Y terminamos con otro tema de candente actualidad, la brecha salarial, donde, como siempre, hay verdades a medias. «Es indiscutible que aún existe la brecha salarial y hay que tomar medidas para solucionarlo. Pero, a veces, el tema es más el de facilitar que las mujeres accedan a puestos directivos donde las remuneraciones son mayores que no la discriminación en sí». El porcentaje de mujeres que dirigen los departamentos de Recursos Humanos supera ampliamente el 50 %, pero no son estos directivos los que más ganan. Sin embargo, en la dirección comercial, donde los salarios son mucho más elevados, los hombres ganan por goleada superando el porcentaje del 85 %. Por tanto, lo que es necesario es que la mujer evolucione hacia puestos de mayor responsabilidad, pero también a esos puestos directivos donde la remuneración es más alta. Estas cifras están recogidas en un informe publicado por CEINSA donde aparece además un dato esperanzador: si bien es cierto que el porcentaje de mujeres directivas en la actualidad aún permanece entre un 27 y 28 %, lo que es una cifra baja, desde 1994 el incremento ha sido de un 300 %, que ya son palabras mayores.

«Para mí, el logro mayor sería que al final el que ocupara un determinado puesto fuera el mejor candidato, con independencia de su género. Lo habremos superado el día en que ya no hablemos de este tema. Creo que vamos por buen camino; quedan muchas cosas por hacer, pero hagámoslas de una manera compensada y con cabeza».

* * *

Cuando se habla sobre personas es imposible evitar hablar de comunicación, pero es que, además, la comunicación es el corazón de mi actividad, por lo que absorber conocimiento de otras personas siempre me satisface.

«La comunicación en las organizaciones, para que sea efectiva, debería ser algo transversal, no vertical. El problema es que es un pozo sin fondo. Por mucha comunicación que pongas, siempre te va a faltar comunicación». Josep me dice que la edad le ha enseñado (particularmente creo que no es solo cosa de la edad, sino de un interés profundo en el tema) que hay que buscar una doble comunicación. Por un lado, está la comunicación formal, que es imprescindible y que hay que cuidar, pero aún hay que cuidar más la comunicación informal, que muchas veces es la gran olvidada.

Está muy bien que los directivos se sienten una, dos o varias veces al año con sus colaboradores para hacer evaluaciones, pero la comunicación informal debe darse casi continuamente. Es lo que Capell llama la «comunicación de Cámara Café», esa que se realiza tomando un café juntos, un momento en un pasillo, un viaje en el ascensor, en el que se comenta el buen trabajo de la última semana o se menciona que sería bueno vigilar un tema, porque al final son esas evaluaciones las que merecen la pena.

«Los directivos tienen que entender que pasar tiempo con sus colaboradores y ofrecerles el necesario *feedback* no es una pérdida de tiempo, sino la mejor inversión que pueden realizar». Es triste, pero en España hoy continuamos pensando que dedicar tiempo a los colaboradores es una pérdida de tiempo y es necesario cambiar la tendencia. Posiblemente sea necesario invertir en formación para que los directivos sepan ofrecer ese necesario *feedback* y para que sepan escuchar, acercando a sus equipos a su labor cotidiana.

Para Josep Capell la comunicación es algo básico en las organizaciones. «El mejor modelo de gestión de personas, mal comunicado no funcionará. Un modelo mediocre, pero bien comunicado y con un jefe que se preocupe de sus colaboradores, funcionará». Y aquí es donde la conjunción de la comunicación formal con la informal se convierte en un caballo ganador.

* * *

Uno de los temas más recurrentes en la actualidad es el de la medición, y le pregunto acerca del papel que juega en la salud de las organizaciones. Su respuesta no admite dudas: «Hay que medir», pero me hace una analogía que, siendo muy simple, ilustra muy bien hacia dónde quiere ir. «Es como el tema del teléfono móvil. Si lo utilizas inteligentemente está bien, pero si estás todo el día enganchado al teléfono, tienes un problema. Con los datos pasa exactamente lo mismo».

El mismo Capell padeció este exceso de datos en un momento de su vida profesional. Me cuenta que en una empresa en la que trabajó se implantó un DAI y todo el mundo se maravilló de lo que ofrecía: indicadores, informes…, todo con un amplio abanico de posibilidades. Al final, pasados unos meses, se utilizaban tres tipos de informes con catorce indicadores, el resto de lo que ofrecía no servía para nada. «Se tiene que medir, pero no se tiene que ser un enfermo de la medición. Soy un convencido de los KPI's, pero no puedes empachar a la organización y medirlo todo. Se tiene que buscar el equilibrio». Una medición excesiva, si no cuenta con un departamento lo suficientemente inteligente para filtrar y trasladar solo la información que es vital, se convierte en algo inútil. «El empacho por datos en las organizaciones acaba produciendo parálisis». Obtener datos y más datos sin que tengan su posterior recorrido es un absurdo. Debes tener datos, pero tienes que saber utilizarlos. He compartido con Josep más de una conversación alrededor de unas escogidas viandas y cierra el tema con una frase muy de nuestras charlas: «Los datos tienen que ser como las buenas cenas, frugales».

«LA FUERZA DE LOS HECHOS»

JOSÉ AGUILAR LÓPEZ

Sobre José

José Aguilar es doctor en Filosofía (PhD) y ostenta un Programa de Desarrollo Directivo (PDD) por el IESE. Consultor, coach y profesor, ha dirigido seminarios y cursos en numerosas universidades y escuelas de negocios de Europa y América, entre ellas, la Cátedra de Comportamiento Humano en las Organizaciones (Foro Europeo, Escuela de Negocios de Navarra) y la Cátedra Nebrija-Santander de Responsabilidad Social Corporativa.

En 2006 obtuvo el premio del Management Internacional Forum al mejor libro de *management* del año, por la obra conjunta junto a Javier Fernández Aguado *La soledad del directivo*. En 2008 fue reconocido como «Most Valuable Speaker» por Interban Network. Ese mismo año recibió el primer premio en el Concurso de Casos de Negocio, organizado por la Nebrija Business School. En 2011 obtuvo el premio Thinker, en el marco del Manager Forum (Madrid).

Ha participado, en calidad de autor, coordinador o coautor en una docena de libros. Es colaborador habitual en diarios, revistas de información económica, radio y TV.

https://www.mindvalue.com/

Cuatro preguntas en primera persona

¿Cuál es su definición personal del management?

Es una ciencia y un arte. En resumen, es la capacidad que tienen algunas personas de diseñar proyectos y ejecutarlos.

Las dos cosas, porque a veces se pone el énfasis en la parte de diseño y planificación, en las capacidades estratégicas, y se olvida la segunda parte, que es la implementación efectiva a través de una interacción eficaz con los diferentes grupos de interés, que la complementa.

Existen muchas personas que son muy buenas desde el primer punto de vista. De hecho, casi toda la formación que se imparte se orienta en esta dirección, pero pueden tener carencias en el segundo punto, la movilización de personas y grupo de interés. También hay quien moviliza bastante bien, pero tiene debilidades desde el punto de vista de la planificación. Es necesario que se produzca un cierto equilibrio entre ambas dimensiones porque es en ese equilibrio donde se produce lo que realmente importa: un diseño y una ejecución eficaz.

¿Cómo se define?

Soy una persona con una mente analítica, racional y lógica que de pronto siente el impulso del pensamiento humanista. De hecho, siendo muy joven y tras un bachillerato de ciencias decidí estudiar Filosofía. Toda mi vida he arrastrado esa doble perspectiva buscando un equilibrio. Procuro complementar el análisis, que es mi manera natural de pensar, con una orientación humanista, que no es simplemente un divertimento de juventud y que ha sido una dimensión importante en mi vida personal y en mi actividad profesional. Pero no me gusta hacer apreciaciones en el aire o tomar decisiones solamente por impresiones, sino que intento calcular las consecuencias y los efectos de las decisiones, que es mi manera lógica de pensar.

Al final todos tenemos algunas pocas fortalezas y muchas limitaciones. Humildemente, si puedo aportar algo es una visión capaz de aunar el análisis con una perspectiva holística en la que enriquecemos un poco el análisis de los problemas introduciendo determinadas variables, como la social, la emocional o la ética, que proceden del ámbito de las Humanidades.

Me gusta que estas dos maneras de ver la vida no sean mundos diferenciados y que el que hable de Humanidades no sea alguien que no tenga ni idea de negocio, ni el que hable de negocio sea alguien completamente ajeno al mundo de las Humanidades. Me parece que son dos mundos llamados a converger y a aportarse valor mutuamente. Dentro de mis muchas limitaciones, he intentado integrarlos en mi forma de pensar y de actuar.

Un personaje, real o ficticio, que haya influido de manera notable en usted

En el ámbito personal, he de reconocer que mucha de la gente con la que he interactuado a lo largo de mi vida ha influido en mí. Me siento absolutamente deudor de los cientos, miles de personas con los que me he relacionado en el pasado y que han ido configurando mi personalidad, mi forma de pensar y los conocimientos que tengo en estos momentos.

Aunque sea un tópico, mis padres ejercieron una influencia decisiva y, además, una influencia paradójica porque la ejercieron desde la libertad. En los años de mi infancia y adolescencia había mayores grados de control y de supervisión en las relaciones paternofiliales y, quizá en ese sentido, mis padres fueron adelantados a su época al educar de una manera en la que los espacios de libertad eran muy grandes. Marcaban pautas, pero no impuestas, sino propuestas, en muchos casos con el ejemplo y, en otros, con palabras serenas en las que no había ni gritos ni amenazas. He de reconocer que esa manera de plantear una relación, en la que la influencia no va de la mano de la imposición sino de propuestas de valor atractivas, me marcó y no soy nada amigo, ni en mi vida personal ni en la profesional, de caracteres basados en autoridades muy fuertes, pero con poca capacidad para influir de verdad a nivel personal.

Paradójicamente, esas relaciones aparentemente leves, con amplios espacios de libertad, dejan una huella más profunda y son más sostenibles que aquellas otras donde el grado de dependencia es alto o las que decaen en cuanto cesa la subordinación jerárquica.

En el plano histórico admiro mucho a personajes que han sido pioneros en el ámbito de la ciencia, posiblemente por mi manera de pensar muy vinculada al conocimiento racional. Personas que han hecho crecer el conocimiento humano, algunas muy conocidas, otras anónimas, porque detrás de cada avance científico siempre hay un nombre que sobresale sobre los demás, pero antes que él y a su alrededor, existen otras muchas personas que también contribuyeron. Son Newton, Einstein o Madame Curie, por ejemplo. Personas que realizaron aportaciones a partir de una observación rigurosa o de un análisis metódico de la realidad, que quizá no tuvieron un impacto práctico inmediato, pero que en lo sucesivo configuraron nuestra manera de pensar y nos permitieron progresar como individuos y como sociedad a pasos de gigante.

Tres recomendaciones: un libro, una película y un lugar que visitar que tengan un significado especial para usted

Es difícil elegir un libro porque todos te dejan huella. Un libro es sobre todo un momento. Son como una relación que cobra sentido porque ocurre en el momento justo. Los libros perfectos, como las personas perfectas, no existen. Es la conjunción de libro y momento y, por eso, es muy interesante que las lecturas estén planificadas y dispongamos siempre de un repositorio de libros bien elegidos, porque es como conocer a personas interesantes que, cuando las tratas con una cierta frecuencia, salta la chispa.

Sin juzgar al libro de forma objetiva, sino por el impacto que produjo en mi vida y por el modo en que me ayudó a reconfigurar algunas ideas a una edad temprana, voy a mencionar *El hombre en busca de sentido*, de Victor Frankl (1946). Su lectura me produjo una huella que hizo que me planteara preguntas. Unas preguntas que todavía hoy siguen resonando y continúan demandando respuestas.

En cuanto a mi perfil cinéfilo he de reconocer que a veces me gustan películas muy antiguas que, desde el punto de vista del ritmo narrativo, han quedado obsoletas y, desde el punto de vista de sus recursos técnicos, son extraordinariamente básicas. Pero, precisamente por todas esas carencias, el genio no tenía más remedio que surgir.

Me gustan las películas de Chaplin. *La quimera del oro* (Charles Chaplin, 1925) me parece una película casi autobiográfica donde Chaplin es capaz de describir de una manera magistral cómo los seres humanos nos enfrentamos a situaciones inesperadas. Lo plantea de un modo muy crítico con reacciones disfuncionales y creo que, al final, es lo que tienen los genios, que con unos pocos trazos son capaces de dibujar un retrato magistral. En *Tiempos modernos* (1936) anticipaba cosas que hoy ya conocemos como las contradicciones que puede entrañar la automatización masiva de procesos. O *El gran dictador* (Charles Chaplin, 1940), donde plantea el problema de los totalitarismos. Ahora se hacen productos mucho más efímeros y echo en falta producciones que, al tiempo que nos entretienen, nos hagan pensar, nos estimulen y nos desafíen de forma intelectual.

En cuanto al lugar pienso en la Provenza, al sur de Francia, más al interior que la Costa Azul, donde a veces encuentras una exhibición obscena de la riqueza. Me gusta cuando se crean esos entornos extraordinariamente sencillos en apariencia, integrados de forma armónica con el paisaje, pero en los que sientes que bulle una gran riqueza, no solo económica, sino también intelectual.

Una de las zonas que he visitado en Provenza y que me llama mucho la atención es la proximidad entre la abadía de Sénanque, un lugar de recogimiento y oración, rodeada de campos de lavanda, y el castillo de Lacoste, donde vivió el Marqués de Sade. Dos maneras antagónicas de ver las cosas situadas muy cerca la una de la otra, en distintos lados del mismo valle.

Me gustan los lugares que no están sobrecargados, en los que no se busca solamente un beneficio económico a corto plazo, sino donde se ve la integración de los seres humanos con la naturaleza en un entorno cultural donde poder desarrollar todas nuestras capacidades.

Conversando sobre su pensamiento

Reflexión y acción surgen de un mismo individuo y, por lo tanto, deberían estar integrados en su mismo origen. Sin embargo, existen dos barreras que impiden que esas realidades surjan de modo armónico. En primer lugar, las prisas. Vivimos en un entorno profesional y social donde todo es para ayer y donde lo que importa no es la sostenibilidad de los proyectos sino la cuenta de resultados. La acción es una ficción para la que disponemos de herramientas metodológicas en un intento de que no sea algo impulsivo, sino que surja de un cierto análisis. Pero en la ecuación acción/reflexión vence la acción como consecuencia de las prisas. Bajo la tiranía de los plazos el pensamiento se disocia y queda para los momentos de tranquilidad que, desgraciadamente, nunca llegan.

La segunda barrera es un cierto materialismo que hace que prioricemos en nuestra búsqueda lo concreto y tangible, mientras que el pensamiento parece que nos remite a un mundo más etéreo. Y esto no tiene que ver con el cociente intelectual del individuo, ya que algunas personas inteligentes renuncian deliberadamente a pensar con mayor profundidad para no enfrentarse «a estos dos grandes señores todopoderosos: el tiempo y lo tangible».

La digitalización de nuestra sociedad, por poner un ejemplo, reclama claramente una acción enérgica y rápida (de otro modo alguien puede tomar la delantera), pero también reclama reflexión, sobre todo desde el punto de vista de las cuestiones éticas y sociales que todos esos procesos de transformación entrañan.

Aunque parece que va habiendo alguna pequeña reacción en este sentido, en el día a día de las organizaciones todavía prima de manera clarísima la acción.

* * *

Cambio el tercio para hablar sobre diversidad, porque si atendemos a los discursos públicos todo el mundo está a favor y firma y suscribe cualquier manifiesto o declaración. «Sobre la diversidad hay una extraordinaria hipocresía porque esos discursos solo alaban una diversidad teórica, sobre el papel. Pero la diversidad tiene rostro». La diversidad es el compañero de trabajo, el cliente, el jefe, una persona del entorno familiar… El problema es que cuando tiene rostro ya no es un «diverso», se convierte en un personaje incómodo y disfuncional. A todos nos gusta la diversidad teórica, pero cuando invade nuestro espacio se vuelve incómoda. «La diversidad es operativa cuando realmente la plasmamos y aceptamos en sus manifestaciones reales, no solo en las teóricas».

La actividad de José Aguilar tanto en el terreno personal como en el profesional aborda la cuestión. «La diversidad aporta valor. Un entorno de pensamiento único es un entorno donde no hay innovación. No hay creatividad donde nada se pone en cuestión y tendemos a la repetición de comportamientos y patrones que se convierten en inerciales. Todo cambio procede de la confrontación de lo diverso». El gran reto al que nos enfrentamos es el grado de tolerancia real que tenemos ante la diversidad real.

Según José Aguilar los seres humanos no aceptamos la diversidad por naturaleza, sino por convicción. Si nos dejáramos llevar por nuestra naturaleza tenderíamos a rodearnos de personas que pensaran igual, que tuvieran las mismas creencias, con intereses similares o complementarios a los nuestros, y rechazaríamos a todas las demás, de ahí que sea necesario realizar un esfuerzo personal para superar los impulsos naturales. «Al final, somos gotas de agua que se atraen e intentamos interactuar con las personas con las que nos sentimos bien. Sin embargo, la diversidad son personas que no me hacen sentir bien porque de alguna manera me cuestionan». En esto consiste esa hipocresía que mencionaba al principio: admitimos la diversidad en términos teóricos, pero nos cuesta admitirla en términos prácticos.

En cuanto a las organizaciones, comenta que «tener un plan de diversidad es mejor que no tener nada». Para nada rechaza la obligatoriedad impuesta por la ley de crear planes de diversidad, posiblemente sea un avance, «pero los cambios no se producen sobre el papel, sino sobre pensamientos y acciones». Además, es muy posible que las nuevas generaciones sean mucho más exigentes en el futuro sobre este tema y rechacen trabajar en organizaciones que no atiendan a la diversidad real, pero también es posible que sea la misma configuración del mundo la que la convierta en inevitable. Hay que recordar que durante las primeras décadas del siglo XXI un 20 % de los niños nacidos en España era hijo de una mujer inmigrante, lo que significa que, por vía de hecho, no por reflexión teórica o planes específicos, la diversidad se acabará imponiendo como una realidad.

* * *

«Líder no es el que lo sabe todo, sino el que lo aprende todo. El que lo sabe todo no es un líder, es un buen gestor que, gracias a su experiencia, ha conseguido identificar patrones de conducta que, reiterados, producen buenos resultados». El gestor puede alcanzar una extraordinaria eficiencia y una gran eficacia aportando valor en contextos relativamente estables o repetitivos.

Con el liderazgo pasa un poco como con la diversidad, que oyendo los discursos parece que absolutamente todo el mundo quiere un líder en su vida o en su organización. Pero «no siempre hacen falta líderes» en las organizaciones. Si lo que el momento demanda es rigor, planificación, permanencia y estabilidad, mejor no meter un líder porque, por su carácter disruptivo, será una persona que remueva las aguas, analice de forma crítica los planteamientos pasados, y complique la existencia.

«Un líder, en el fondo, es un aprendiz» porque si se enfrenta a una situación ya conocida no necesita del liderazgo, sino que le basta simplemente con gestionar con eficiencia todo el conjunto de parámetros que ya conoce y maneja a la perfección. El liderazgo introduce factores de disrupción y, como el conocimiento previo resulta insuficiente, tiene que construir conocimiento nuevo: «Ese es el aprendizaje, que es más una actitud que el hecho de asistir a cursos». La curiosidad y el pensamiento crítico caracterizan al líder, al tiempo que son cualidades básicas en cualquier proceso de aprendizaje.

* * *

«Los entornos inciertos provocan crecimiento y destrucción». A veces idealizamos mucho la incertidumbre y el error cuando, en el fondo, el ser humano quiere entornos estables y no toma decisiones con la intención de equivocarse.

«La incertidumbre nos golpea, no nos acaricia. Rompe nuestros planes y nos incomoda. Pero lo importante no son las cosas que nos ocurren, sino cómo reaccionamos antes ellas». Se trata de un factor de entorno que quizá aparece ahora con un poco más de frecuencia, pero siempre hemos vivido en la incertidumbre. Lo verdaderamente importante es estar preparados para gestionar individual y colectivamente tanto entornos estables como situaciones de incertidumbre.

«La incertidumbre puede tener efectos catastróficos, pero, paradójicamente, los cambios más intensos se producen en entornos de incertidumbre». Me pone como ejemplo el tema del teletrabajo, del que se venía hablando décadas (José menciona que ya en los años 70, con una tecnología absolutamente en mantillas, había modelos de trabajo en remoto). En el medio siglo transcurrido prácticamente no cambió nada mientras se evaluaban los pros y los contras. Sin embargo, llegó un momento crucial de incertidumbre con la pandemia, todos los cálculos saltaron por los aires y nos dimos cuenta de que éramos plenamente capaces, tanto desde el punto de vista tecnológico como desde el organizativo y el personal. «¿Qué es la incertidumbre? Un catalizador de cambios».

«Me gusta trabajar sobre el concepto de que solamente nos hace cambiar aquello que nos conmueve, y nos conmueve lo que, de alguna manera, hace temblar los pilares sobre los que construimos nuestros modelos de vida o nuestros negocios». El análisis racional suele provocar parálisis, pero cuando algo nos saca de la seguridad y nos sentimos sacudidos, es cuando tomamos decisiones y pasamos a la acción.

Para superar esos efectos negativos que la incertidumbre puede provocar, nada mejor que continuar la conversación hablando de resiliencia, otro término de absoluta actualidad.

Se suele asociar la resiliencia a esa especie de capacidad que tienen los seres humanos para apretar los puños cuando la adversidad los golpea y son capaces de mantenerse en pie. Dice Aguilar que, en ocasiones, hay que tener un poquito de cuidado con esa presentación, a veces morbosa, de las adversidades y de los problemas, porque puede ser simplemente el último reducto del reconocimiento y de la aceptación ajena que todos anhelamos, una especie de pose. Mejor presentar una actitud digna que abatida, eso está claro, pero la resiliencia es mucho más.

«La resiliencia se forja en los momentos de estabilidad» porque para ser auténticamente resiliente hay que estar preparado. Cuando la adversidad golpea, el entorno se vuelva incierto o surjan elementos adversos, no basta con apretar los puños y aparentar que se puede hacer frente a la situación. No se trata solamente de una cuestión de coraje personal, sino de haber sido capaz de anticipar todas las acciones que hay que poner en práctica para ser más fuerte. «La organización es resiliente porque las personas lo son, pero también porque el propio diseño de los procesos y de los planes de contingencia me permiten hacer frente a esas situaciones».

Es en los momentos de estabilidad cuando las organizaciones se pueden dotar de los recursos y capacidades que demandan esas situaciones difíciles. Si espera a que se produzca la adversidad, tendrá muchas más dificultades y menos recursos para hacerle frente. «Por eso hay que unir las dos cosas: la capacidad que tienen las personas para resistir situaciones adversas y la que tiene la organización para hacerlo».

El problema es que cuanto más se prepare la organización para momentos adversos, más puede estar penalizando sus resultados actuales. «Si me preparo para eventos adversos tengo que dedicar algunos de mis recursos en ello y, por tanto, puede que no sea eficiente en términos económicos a corto plazo».

«Las eficiencias llevadas al extremo son perversas porque, aunque a corto plazo me aporten beneficios, también aumentan nuestro grado de vulnerabilidad». Queda además la cuestión del optimismo a la hora de tomar decisiones, porque muchas veces pensamos que todo va a ir bien y, de pronto, llegan pandemias o guerras cercanas que nadie pudo predecir.

* * *

«Los seres humanos queremos que todo cambie menos nosotros. Queremos que el entorno mejore, pero seguir pensando y haciendo lo mismo». Esta tendencia, como humanos que son, también se da en los directivos. «La misma reflexión que veo en mi vida personal, donde existe una cierta disociación entre mis deseos y mis comportamientos, la veo también en muchos directivos».

En el caso de los directivos existe un imperativo constante de cambio provocado por la evolución, a veces vertiginosa, del mundo en el que vivimos. De pronto, un directivo tiene que aprender sobre herramientas tecnológicas, sobre *big data*, sobre inteligencia artificial y sobre un gran número de herramientas de gestión que van surgiendo casi a diario. Además, no tiene opción, o las aprende, y de forma rápida para poderlas implementar en su organización, o su competencia le ganará la partida.

Curiosamente, los directivos van mejorando y cambiando desde muchos puntos de vista, pero olvidan evolucionar desde el de sus propias capacidades de liderazgo o de gestión. «Se llaman crecimientos a velocidad variable. Se avanza mucho desde un punto de vista, pero desde otro la velocidad es mucha más lenta. Hace falta lo que yo llamo velocidades homogéneas y es necesario enfrentar a los directivos a esta realidad». Se da la paradoja de que la gran mayoría son capaces de incorporar a gran velocidad herramientas tecnológicas, incluso surgidas en un espacio de tiempo muy corto, pero en cuanto al liderazgo, a la comunicación o a la capacidad para generar interacciones, continúan anclados en modelos de hace quince años. Si cualquiera de ellos permaneciera anclado en la tecnología de hace quince años, su organización habría muerto en términos de negocio.

«Las habilidades de liderazgo o de influir sobre las personas evolucionan a la misma velocidad, o casi, que otros muchos aspectos de nuestro negocio o actividad profesional, donde estos avances son absolutamente patentes. Esto es un reto también para todo el sector de la formación directiva que debería, o deberíamos, analizar sus propios programas, metodologías y herramientas». Tristemente, si se analizan con un cierto ojo crítico las presentaciones que se emplean en los cursos de liderazgo o de dirección, solo son distintas en cuanto a las formas, donde aparecen más animaciones y tienen una presentación mucho más cuidada, pero se parecen inquietantemente en cuanto a los contenidos a las que se empleaban hace cinco, diez e incluso quince años.

Parece que es más sencillo gestionar los cambios externos que los internos. «En este sentido, animo mucho a desconfiar de cambios promovimos por personas que ellas mismas no cambian. Para mí el principal impulsor de cambios efectivos es la persona que primero se transforma ella misma, cambiando sus propios gestos, actitudes y comportamientos. Mi conclusión es que el cambio auténtico comienza por uno mismo porque nada cambia si yo no cambio».

«DESTILAR LA ESENCIA»

OFELIA SANTIAGO LÓPEZ

Sobre Ofelia

Ofelia Santiago es licenciada en Filosofía y Letras, y en Psicología, por la Universidad Pontificia de Salamanca. Posee, además, un Máster en Dirección de Organizaciones y Recursos Humanos por ESIC.

Es experta en transformación de las organizaciones, estrategia empresarial y política, liderazgo, desarrollo y gestión del capital humano, equipos de alto rendimiento y desarrollo de ecosistemas para la innovación.

Ofelia es fundadora y directora de Santiago Consultores Capital Humano, desde donde transforman a organizaciones y personas acompañándolas en procesos de alta consultoría, *coaching* y desarrollo del talento, con un enfoque eminentemente humano que considera a la persona como el centro y motor de la transformación. Con un enfoque eminentemente humanista.

Ha intervenido en numerosos congresos y cumbres internacionales en Estados Unidos, Panamá, Italia, España, Portugal, Perú, Ecuador, Colombia, México, Honduras y Argentina, entre otros, y es ponente TEDx. Actualmente es presidenta de la Cumbre Iberoamericana de Líderes.

Docente en prestigiosas universidades y escuelas de negocios internacionales de ambos lados del océano, fue distinguida con la Medalla de Honor de la Orden «Libertad y Verdad» otorgada por el Colegio de Periodistas de Perú, por su larga trayectoria profesional, dedicada a la defensa, difusión y promoción de los valores en la empresa y la política.

https://www.ofeliasantiago.es/

Cuatro preguntas en primera persona

¿Cuál es su definición personal del management?

Es la ciencia que trata sobre la planificación y gestión de las actividades, poniendo en el centro el liderazgo de las personas, para la consecución de los objetivos, propósito y misión de la compañía, incluyendo el ecosistema o ecosistemas afectados y los valores, que son los que guían esas actuaciones. La misión fundamental del *management* es conseguir la actuación conjunta y eficaz de los equipos y todos los *stakeholders* hacia la misión y propósito, alimentados por unos valores comunes, estructura adecuada y ágil, adiestramiento y desarrollo necesarios para la eficacia y respuesta al cambio, y la continua transformación.

¿Cómo se define?

Ante todo, soy una transformadora. Me dedico a la transformación desde una visión absolutamente optimista y, si hay algo que me diferencia, es la generación de esa transformación a través del alma de las personas. No existe una transformación sin comenzar por lo que yo llamo el viaje de la heroína o del héroe, ese proceso introspectivo que nos permite realizar el destilado de nuestra esencia y, por ende, una vez pasados todos los hitos que nos proporcionan ese aumento de la consciencia para destilar quiénes somos realmente, estar preparados para poder liderar o transformar las compañías de nuestros clientes, empezando por la nuestra propia.

Soy optimista, quizá incluso un poco romántica. Aspiro a que todo nuestro liderazgo balancee la salud financiera de la compañía con la salud y el bienestar psicosocial de todos y cada uno de los grupos de interés que integran nuestras compañías.

Por tanto, transformadora, optimista, defensora del paradigma que pone en el centro a las personas y, por supuesto, muy creativa e innovadora.

Un personaje, real o ficticio, que haya influido de manera notable en usted

Podría hablar de muchos, pero lo voy a dejar en dos, muy reales.

Mi padre, quien siempre fue una fuente de inspiración. Es un hombre del Renacimiento, ese pensador, ese pintor, a pesar de ser ingeniero de sistemas. Siempre me enseñó la importancia de la lectura, del estudio, del análisis de los personajes históricos y de la historiografía, para poder comprender lo que ha ocurrido a lo largo de todos los periodos históricos y poner luego el foco en el análisis dialéctico incluso. Todo ello desde una perspectiva humanista.

Mi madre, que es el rigor, la disciplina, la vertiente más de ciencia, de matemática y física. Su influencia sobre mi persona, lo que más me ha impactado de ella, es la importancia de la disciplina, del trabajo, de la preparación, con una tendencia siempre hacia la excelencia.

Nunca cejaron de insistir en el concepto que me dieron desde chiquitina de que la mejor herencia que se puede dejar a un ser humano es su formación, su cultura y, sobre todo, el humanismo que debe regir cada una de nuestras acciones.

Tres recomendaciones: un libro, una película y un lugar que visitar que tengan un significado especial para usted

Un libro. Sin lugar a duda *El hombre en busca de sentido* (Viktor Frankl, 1946). Cuando leí este libro, en temprana juventud, comprendí muchas cosas. Luego, por su humanismo, hizo que me decantara en mis estudios, primero, por la filosofía pura, después, por la psicología, más tarde por la empresa y, finalmente, por la neurociencia. Me impactó muchísimo.

Una película. Tengo varias, diría que tengo muchísimas. Para mí fue muy importante *Ágora* (Alejandro Amenábar, 2009), porque Hipatia refleja gran parte de lo que yo hago, de aquello a lo que yo aspiro, de la importancia de los clásicos en la construcción de mi persona, y de la construcción de los constructos, valga la redundancia, en lo que me baso en mis investigaciones y en la divulgación. Para mí, la herencia clásica grecolatina es fundamental dentro del desarrollo de mi propia profesión.

En cuanto al lugar, tengo miles, empezando por mi tierra, Santander. Pero también Asturias me vuelve loca. En Europa, los lugares en los que me siento más cómoda y feliz son Viena y Florencia. Florencia es un lugar muy importante en mi vida, quizás más que importante. Por eso elegí casarme con un caballero maravilloso italiano que me ha hecho descubrir todos y cada uno de los lugares clásicos que he leído y que ahora forman parte de la experiencia de mi biografía.

Conversando sobre su pensamiento

Ofelia Santiago trabaja tanto con organismos públicos como privados, e incluso gobiernos. Cuando alguno de ellos la contrata para realizar una transformación, lo primero que hace es investigar o indagar dónde tienen 'el dolor', como suena, porque es muy importante conocerlo desde el primer instante para, desde ahí, iniciar el proceso.

Las principales barreras con las que se encuentra cuando inicia un proceso tienen mucho que ver con la cultura. «Si el propósito y los valores están alineados con el proceso, con esa nueva visión que define la mejor transformación de la compañía, desplegando todo su potencial, es bastante sencillo. Pero si lo primero que me encuentro es un ecosistema con un tejido emocional basado en el miedo, con estructuras demasiado piramidales y burocráticas, con todos mis respetos, es muy improbable que el proceso de transformación culmine con éxito en esa compañía».

La cultura, los valores, el propósito, y las actitudes y comportamientos que no son otra cosa que la traducción de los valores en el día a día, son los indicadores que permiten conocer si una compañía se puede transformar o no. Y otra barrera importante son los egos. «Tenemos que abandonar urgentemente, en esta tormenta perfecta de incertidumbre, el yo, la individualidad, para abrazar el nosotros. Una transformación no se puede hacer por una persona; se tiene que hacer por legiones de líderes empoderados, con un liderazgo compartido, que tengan claro que ahora se trabaja por proyectos y con la mirada puesta en toda la comunidad».

En resumen, para Ofelia Santiago dos son las barreras más importantes a la hora de encarar un proceso de transformación. La primera, la cultura y los valores de la organización. La segunda, la propia estructura. Si la compañía cuenta con estructuras muy rígidas, donde todo está sistematizado, lo primero será cambiar esta situación para alcanzar estructuras líquidas, redárquicas, circulares, donde todo el mundo esté organizado por proyectos y se permita tomar decisiones ágiles y rápidas, con equipos empoderados y autónomos.

A la hora de encarar un proceso, para Ofelia es muy importante diferenciar dónde y para qué se realiza la transformación. Para ella la persona tiene que estar obligatoriamente en el centro y le preocupa que la tecnología no lo tenga en cuenta. «Para mí la tecnología no solo no es mi enemiga, sino que es mi mejor amiga, siempre y cuando esté al servicio de las personas y no al revés. Tenemos que separarnos de otros fenómenos, como la ciberexistencia o el transhumanismo, porque lo que ha hecho que la humanidad se haya desarrollado de la manera en que lo ha hecho corre ahora un peligro importante. Tenemos que poner el foco en aspectos bioéticos, deontológicos, que definan dónde queremos fijar el centro en el destino de la nueva humanidad. Debemos ser conscientes de dónde nos encontramos y de qué es todo aquello que nos hace humanos, porque eso es lo que tenemos que preservar, y ser nosotros los que decidamos ese nuevo destino y no una inteligencia artificial que no serviría para aportar valor».

* * *

Ofelia Santiago me cuenta que acaba de convertirse en la *senior advisor* de Seniors Leading, una compañía pionera en la denominada *silver economy*. También ha participado en un proyecto de mentoría que existe en la Comunidad de Madrid que ponen el valor el talento sénior. Todo ello por el interés que demuestra hacia este colectivo que aún tiene mucho que aportar a la sociedad y que no siempre encuentra el camino para hacerlo. «Puse en marcha un proyecto en el que tomamos grupos importantes de emprendedores, brillantes en inteligencia artificial o en alta ingeniería, pero a los que a veces les cuesta diferenciar entre lo que es un proyecto y lo que es convertirlo en una empresa. Una empresa además sostenible, que pase por todas y cada una de las fases: lanzamiento, posicionamiento y maduración. Ese conocimiento lo tienen nuestros séniors, que están ávidos de compartirlo para ser útiles a una sociedad que, si se me permite, no siempre les pone en el lugar que se merecen».

En breve comenzará a colaborar con otro importante *cluster* español, que está trabajando con Europa, dirigiendo un proyecto similar, pero en el ámbito de la salud. «SIVI, que así se llama el *cluster*, me ha pedido que seleccione a alguno de los séniors más importantes, parte de ellos ya están jubilados, para saber dónde transferir ese conocimiento y desarrollar el sector de la salud. No podemos olvidar que estamos en esa tormenta perfecta, en un momento donde la hegemonía occidental ya no existe, y no tenemos un factor unifocal, sino que vamos a tener varios focos, por lo que los intereses y las prioridades de los estados van a cambiar».

Me cuenta Ofelia que el dinero que teníamos destinado a ese aparente bienestar social ha desaparecido y que, si tomamos a autores como Fukuyama, 'el fin de la historia es ya historia'. «Todos pensábamos desde 1991 que íbamos a estar en una especie de estabilidad y de paz positiva, pero es una absoluta mentira.

Estamos en una guerra mundial económica, tecnológica, biológica, de materias primas…, y esta guerra va a ocasionar que tengamos que poner otros objetivos en nuestros Estados, distintos de la formación y el desarrollo de estructuras sociales que nos permitían eso que llamábamos en nuestra vieja Europa bienestar social». Por lo tanto, habrá que buscar otras fórmulas que permitan cubrir las necesidades sociales, teniendo en cuenta que los presupuestos van a estar destinados fundamentalmente a la defensa, a la seguridad y a otra serie de cuestiones que han pasado a ser estratégicas en cada uno de los países. «En esto estamos trabajando para, a través del brillante conocimiento de nuestros séniors, desarrollar la garantía del cumplimiento de estas necesidades sociales, a través de foros, de *focus group* y de iniciativas inteligentes, para transferirlas a la sociedad. Estamos luchando para poner en el centro a nuestros séniors que, para mí, desde luego, son la reserva de conocimiento de un país».

Las últimas investigaciones demuestran que la diferencia fundamental entre los emprendimientos de nuestros júniors y de nuestros séniors es que los primeros emprenden más, pero sus proyectos no superan la fase dos y las empresas se disuelven entre los 9 y los 14 meses, mientras que los de los segundos logran permanecer en el mercado de manera mucho más rápida y sostenible. «Esas son las buenas noticias y es que en nuestro caso (se refiere a los que ya peinamos, cubiertas o no, una cierta cantidad de canas) está unido a nuestro propósito; emprendemos en aquello que tiene que ver con nuestros valores y sueños y lo unimos a mucho conocimiento ya adquirido sobre lo que funciona y lo que no, convirtiendo el proyecto en sostenible. Esta es una de las cosas más importantes que deberíamos explicar en España. Con mentorías y *coaching* se consiguen finales felices».

Finalmente, me cuenta que, hablando con un compañero japonés, le decía que allí tienen muy claro que el destino de un país tiene mucho que ver con cómo tratan a sus mayores, y que este comentario se lo llevará siempre como un legado.

* * *

«Para mí la gobernanza, tanto de una institución pública como de una empresa o un proyecto de emprendimiento, cumple siempre los mismos principios. Gobernar en femenino, a diferencia de lo que muchos han entendido, no significa poner un foco de feminismo polarizador que enfrente a hombres y mujeres, sino poner en valor las cualidades y competencias de una gobernanza basada en las personas. Para gobernar algo primero hay que diagnosticar la situación actual y, a partir de ahí, plantear la mejor hoja de ruta que nos permita conseguir el objetivo definido que hemos diseñado de manera común entre todos».

Esto implica gobernar desde la escucha, desde la empatía, muchas veces desde los silencios, para que todos los grupos de interés se puedan manifestar de la manera que crean más oportuna. «Pero también implica una nutrición. Gobernar desde la comunicación emocional empática, desde la explicación clara y precisa que incluya a todas las personas implicadas». En esta gobernanza cada uno debe ser capaz de incluir sus valores y propósitos dentro del proyecto común, evitando dejar fuera la esencia de cada uno porque nadie le preguntó cómo quería ser. «Gobernar en femenino pone de manifiesto todas esas competencias y cualidades que, desde la neurociencia, se dice que tienen que ver con el hemisferio derecho, mucho más preeminente en la dama. Neurocientíficamente hablando, se trata de ese mayor número de neuronas espejo que permiten a las mujeres generar una empatía positiva y afectiva con el otro y, por supuesto, gobernar desde la cooperación, rodeándonos de equipos absolutamente competentes donde el mejor, por meritocracia, ocupe las posiciones más determinantes».

«Para mí, gobernar en femenino sería gobernar dentro del entorno que la madre naturaleza nos ha dado. Vivimos un momento crítico de la historia de la civilización donde tenemos que regresar a los orígenes y a las cuestiones primigenias. Es el momento de escuchar, de cooperar, de unirnos todos y sustituir el yo por el nosotros. Todas estas cuestiones implican una gobernanza en femenino y no una gobernanza individual, masculina, muy ejecutiva, pero poco nutritiva».

En un momento de absoluta incertidumbre como el que estamos viviendo Ofelia Santiago mantiene que, en vez de un enfoque unipolar, hay que implementar un enfoque multipolar donde, entre todos, se puedan implementar las soluciones más creativas e innovadoras. La clave en este punto de nuestra conversación se centra en ese 'entre todos', y es que todavía no acabamos de entender el verdadero concepto de la palabra diversidad. Si hablamos de diversidad de género, está claro que es dejar fuera de nuestras organizaciones a la mitad del talento, pero la diversidad abarca mucho más. «Tenemos que generar una amalgama de talento que incluya usos, cultura, valores, maneras incluso de entender el trabajo absolutamente diferentes, integrándolos para generar proyectos ganadores. Y el que no entienda esto ya no hace falta que inicie procesos de transformación porque ni siquiera llegará a sobrevivir los próximos catorce meses». Ofelia Santiago me dice que este es el momento de la gestión de la diversidad porque solamente de esta manera se alcanzarán soluciones altamente innovadoras que integren a todas y cada una de las poblaciones a las que queremos 'enamorar'.

* * *

El modelo NTC (Neuro-Transformación Consciente), cuyo término fue acuñado por Amanda Palazón y Ofelia Santiago, habla de las tres N que son necesarias para la transformación: Neuroliderazgo, Neuroproductividad, y el Neurobienestar. Dicho de otro modo: la mente consciente, la mente eficiente y la mente feliz.

En cuanto al Neuroliderazgo, se refiere a que tenemos que trabajar el aumento de la consciencia en los directivos para, desde un peldaño superior a aquel en el que se producen, puedan encontrar soluciones altamente innovadoras para solucionar los problemas, muy por encima de las que se toman en la actualidad. La Neuroproductividad pasa por incorporar los procesos *agile* para una toma de decisiones inmediata, pero que garantice la eficacia y la efectividad, porque la mirada estratégica proyectiva ha quedado ya obsoleta. Por último, en el Neurobienestar se trabaja el cuerpo físico, el emocional, el espiritual y el mental. Se trata de alcanzar el equilibrio y obtener la energía necesaria para abordar cualquier proyecto de transformación. «Para emprender cualquier proyecto de transformación es necesario saber gestionar eficazmente la energía de la compañía, y eso pasa inexorablemente por saber gestionar efectivamente la energía de cada una de las personas que la forman. Las soluciones altamente innovadoras solo se dan cuando la gente está feliz y alineada».

Todo esto se resume en el término acuñado por Ofelia de 'liderazgo consciente' porque «para mí el líder debe tener claro, ante todo, su propósito, por qué y para qué ha venido a la vida, pero, además, debe tener una altísima consciencia de los ecosistemas que lo rodean. Solo cuando alguien tiene claro por qué y para qué ha venido, y claros los valores y principios que rigen su existencia, podrá tener una especie de faro que lo ilumine en este camino de incertidumbre y oscuridad. Sabrá qué decisiones tomar y por qué, a veces, lo mejor que puede hacer ante un proyecto aparentemente interesante, económicamente hablando, es separarse porque le va a alejar de su propósito. Entenderá que va a encontrar valles y baches y desarrollará su resiliencia, y al saber hacia dónde va conseguirá su objetivo».

En cuanto a las preguntas que ese líder debería plantearse para encontrar su camino, me cuenta que lo primero es saber cuál es su propósito para después convertirlo en una propuesta de valor clara y diferencial, profesional y científica. «¿He destilado mi esencia? ¿Cómo voy a servir a los demás?». Necesitamos líderes absolutamente comprometidos y responsables capaces de superar la mejor de las expectativas. «Si yo soy líder, tengo que utilizar el sistema de pirámide invertida, lo que significa que voy a estar sirviendo, escuchando y acompañando de una manera ejemplar, por encima de la expectativa de cualquier persona». Por último, necesitamos líderes valientes y tremendamente resilientes, desde una perspectiva positiva.

Debemos acabar con la estandarización del liderazgo. Un líder debe ser auténtico, genuino, y tener clara su diferenciación, para definir su marca, tanto personal como reputacional, que estará vinculada a la reputación que tenga la compañía que está liderando. De individual, el liderazgo debe transitar hasta convertirse en compartido, «donde todos seamos autónomos para tomar las decisiones oportunas en aquellas posiciones en las que estamos incluidos».

* * *

«En España tenemos un problema importantísimo de educación y, con todo el dolor de mi corazón, tengo que decir que, lejos de mejorar, lo que está haciendo es empeorar. Estamos fomentando algo así como la democratización de la mediocridad. A mí cada vez se me exige más y en menos tiempo, en condiciones más duras y con recursos a veces limitados. Esto implica una formación impresionante, primero general, una cultura cada vez más ambiciosa, el dominio del resto de culturas, una comprensión estratégica de lo que está pasando en el mundo, y una especialidad desde donde yo pueda aportar soluciones. Estamos haciendo absolutamente lo contrario».

Sin olvidar la historia o la filosofía entre las materias generales, que es lo que ha formado los caracteres y destinos de los países, nuestros jóvenes necesitan desarrollar las mal llamadas habilidades blandas porque son ellas las que convertirán su perfil en único. Hay que trabajar la resiliencia, la comunicación y el debate. Me cuenta que a veces se encuentra con jóvenes muy brillantes en inteligencia artificial o en tecnología que son incapaces de defender sus proyectos y, sin saberlos defender, al no conseguir que alguien se fije en ellos, se quedarán fuera.

«España vive ahora mismo uno de los momentos más delicados de su historia. Necesitamos que nuestros jóvenes estén más preparados y sean más competentes para el momento que vamos a vivir. Por desgracia, nuestro sistema de educación está estructurado hacia lo contrario. Es tan sencillo como comparar qué me pide la sociedad para sobrevivir y qué les estamos dando a nuestros jóvenes para que puedan ser autónomos y competentes, sea cual sea el lugar en el que quieran desarrollar su profesión y su proyecto personal. Creo que la educación es la mejor herencia que una familia puede dejar a sus hijos».

* * *

Ofelia Santiago es experta en comunicación política y me resisto a terminar la conversación sin preguntarle por qué los políticos españoles suspenden estrepitosamente en esta materia.

«La primera causa de estos debates, tan penosos a veces, tiene que ver con la construcción del candidato, con la capacitación obligatoria de cualquier servidor público que, en España, deja mucho que desear. De la misma forma en que antes hablábamos de cómo se están formando y transformando nuestros líderes empresariales, parece ser que en la esfera pública española eso no es necesario. Me atrevo a decirlo porque es patente y, por desgracia, en nuestro panorama político puedes ver que personas que llegan a posiciones tan importantes, como pueden ser la ministeriales, no tienen ninguna formación, ni personal, ni competencial, ni han demostrado haber tenido ningún logro en alguna esfera social. Por tanto, lo primero que hace que suspendan es una falta absoluta de rigor a la hora de designar quién puede ostentar ese rol».

«Faltan escuelas, faltan vocaciones y falta comprender que es necesario formarse para realizar estas actividades. Estoy cansada de ver cómo tengo que irme a distintos lugares del mundo para ejercer mi trabajo porque la respuesta que recibo en España es: pero si yo no necesito formarme. Yo creo que la labor más hermosa que existe en el mundo es servir a la ciudadanía, pero la respuesta que recibo es que no necesitan adquirir ninguna competencia que les permita ejercer sus cargos con dignidad. Esto dice dónde estamos, cómo nos comunicamos, y explica la patética imagen que ofrecemos en el exterior».

«Si comunicas debes conocer perfectamente las reglas del juego, lo que implica tu rol en comunicación política y tener muy claro lo que supone la diplomacia, el protocolo y cada una de las acciones comunicacionales que debes desarrollar desde tu puesto. No puedes olvidar que no te representas a ti mismo, que ya estaría mal, sino que estás representando nada más y nada menos que a tu país».

Se resumiría en una falta absoluta de competencias, falta de consciencia de la necesidad de formación y una falta de ejercicio de comunicación política responsable. A lo que habría que añadir una ausencia de competencia de los cargos que quizá de entrada ya fueron mal elegidos dentro de los propios partidos.

Punto y seguido

MARÍA VICTORIA DE ROJAS

Sobre María Victoria

Las cuatro preguntas con las que comienza cada una de las entrevistas que he realizado para elaborar este libro acumulaban la misma intención: conocer a la persona antes de adentrarme en su mundo profesional.

Ha llegado la hora de hacer un ejercicio similar conmigo, para presentarme ante los lectores como lo que soy: una integrante más del mundo complejo e interesante del *management*.

Mi experiencia acopia dos décadas transcurridas al frente de un medio económico español que me permitió aprender sobre comunicación y me facilitó el contacto con grandes empresarios, directivos y pensadores de nuestro país. A lo largo de esos años la mejora de mi formación fue una constante y me certifiqué como coach, realicé un máster en marketing y comunicación, entré en la Red de Mentoring de España y culminé otro máster en comunicación no verbal científica y comportamiento humano, que me puso en contacto con disciplinas aún poco desarrolladas en España como la morfopsicología, la sinergología o la grafología.

El bagaje acumulado me ha llevado a convertir la comunicación en el corazón de mi actividad, escribiendo, presentando eventos, coordinando mesas redondas o impartiendo formación personalizada para el desarrollo de habilidades en comunicación, uniendo la corporalidad a la comunicación verbal, con un componente eminentemente práctico, alejado de lo meramente teórico.

Sería largo y quizá tedioso responder a la pregunta sobre la definición personal del *management* porque, después de haber tenido la fortuna de escuchar en primicia las definiciones de cada uno de los protagonistas de este libro, ofrecería un compendio de todas ellas.

Cuando en ocasiones me han pedido que me definiera como persona he contestado que soy feliz, porque tomé la decisión de serlo. Soy positiva, trabajadora, luchadora y aprendiz constante. No me arredran los retos, me gustan, me atraen, porque creo que son una maravillosa forma de permanecer en constante crecimiento. Me encanta conversar, porque siempre aprendo. Quizá por ello haya disfrutado tanto en la creación de este libro y, en general, en las entrevistas que he efectuado a lo largo de mi extensa carrera profesional. Yo establezco un diálogo donde afloran más cosas que en una simple concatenación de preguntas y respuestas.

Como en muchos perfiles, mis padres tienen mucho que ver con quién y cómo soy. Todas las personas a las que en algún momento he tenido la oportunidad de entrevistar dejaron un poso, pero existen dos que fueron muy especiales. La primera, Kerry Kennedy, con quien charlé del trabajo que llevan adelante en la Fundación Robert F. Kennedy Human Rights, y también de su vida, de su familia, de sus recuerdos… La segunda, Jans Fromow-Guerra, que forma parte del equipo en la Asociación Internacional de Médicos para la Prevención de la Guerra Nuclear y ganó el premio Nobel de la Paz en 2017. Sobre todo, por una frase que pronunció: «No existe un número bajo de armas nucleares; la seguridad viene por la eliminación total».

En cuanto a mi libro preferido, no tengo duda: *Lo que el viento se llevó* (Margaret Mitchell, 1936). Desde que lo leí por primera vez, cuando tenía trece o catorce años, me identifiqué con Escarlata O'Hara, con su fuerza, su tesón, su empuje… Quizá eso provocó que en un momento de mi vida exclamara ¡a Dios pongo por testigo…! y fuera capaz de levantarme. Es mucho más que una novela de amor y contiene una rigurosa semblanza de la Guerra de Secesión y de la esclavitud.

Mientras me certificaba como *coach* alguien me habló de la película *Inside Out* (Pete Docter, 2015) titulada en español *Del revés*. Una obra maestra para entender cómo se han de gestionar las emociones. Todo el mundo debería verla porque, con independencia de a qué nos dediquemos, somos personas y desarrollamos emociones.

Existe un enclave muy especial para mí, más que por el lugar, por la experiencia vivida. Fue en el sur del Sáhara, cerca de la frontera con Argelia, en una zona del desierto donde no hay dunas, sino una radical inmensidad y el horizonte es aún más lejano. Allí, en un atardecer, con el sol y el viento de cara, me senté en la tierra caliente y medité. Lo que experimenté me acompañará siempre.

Pongo un punto y seguido porque, como decía Rick Blaine en *Casablanca* (otra magnífica película con frases para el recuerdo), «presiento que este es el comienzo de una hermosa amistad».

Algunas consideraciones finales

No puedo terminar este libro sin antes agradecer al reconocido pensador y buen amigo Javier Fernández Aguado que me sugiriera el reto y a Marta Prieto que confiara en mí para escribirlo. Espero que el futuro nos traiga muchos más proyectos compartidos.

A todos los protagonistas, muchas gracias por atender mi llamada, por dedicarme una parte de su valioso tiempo y por las bonitas palabras que algunos me dedicaron cuando tuvieron ocasión de leer su capítulo.

Mi hija, Marina, es mi más ferviente fan. Le agradezco que siempre me apoye, sea cual sea el objetivo que me proponga. Gracias también a Ignacio de Rojas, más que primo, un hermano y el mejor de los amigos, con quien he mantenido y mantengo largas conversaciones. Su apoyo en los momentos duros y su alegría compartida en los de celebración se han convertido en un pilar fundamental en mi vida.

Y, por último, deseo explicar por qué, no siendo habitual, los protagonistas aparecen con dos apellidos. Esa generación de mujeres a la que pertenecen la mayor parte de nuestras madres constituye un auténtico grupo de expertas en el gobierno de personas y organizaciones, siguiendo la definición de Fernández

Aguado, aunque seguramente nunca oyeran hablar del *management*. No existe organización más compleja que una familia. ¡Ellas supieron gobernarla! No existe un interés mayor en desarrollar las habilidades de una persona que aquel que vuelca una madre en sus hijos. Es posible que con sus historias se pudiera escribir otro libro: *Pioneras del management*.

El orden alfabético del segundo apellido pilota, en fin, la colocación de cada uno de los capítulos.

María Victoria de Rojas Gutiérrez de Gandarilla

María Victoria de Rojas

Los veinte años pasados al frente de la revista Ejecutivos le han permitido conocer a fondo la historia del empresariado español, con sus aciertos y errores. Veinte años acumulando una experiencia que le lleva a iniciar una nueva andadura en la que poner al servicio de los demás todo el conocimiento adquirido. Asesoría en comunicación, coaching empresarial, formación para directivos, oratoria, escritura y edición son solo algunas de las áreas en las que el tiempo, con esfuerzo y dedicación, le ha concedido un grado en maestría.

KOLIMA
BOOKS